Canadierpaddeln

Axel D. Kühn

Canadierpaddeln
Axel D. Kühn

Umschlaggestaltung, Illustration: Axel Kühn unter Verwendung eigener Fotografien und je eines Bildes von Wolfgang Hölbling und Klemens Domogalla
Lektorat, Korrektorat: Gerhard Loch, Michael Böhme und Ruth Doersing

Verlag: tredition GmbH, Hamburg
Printed in Germany
ISBN: 978-3-8491-1930-0

Bibliografische Information der Deutschen Nationalbibliothek:
Die Deutsche Nationalbibliothek verzeichnet diese Publikation in der Deutschen Nationalbibliografie; detaillierte bibliografische Daten sind im Internet über http://dnb.d-nb.de abrufbar.

Dankeschön

Mein Dank richtet sich zunächst an all die, die mit mir paddeln waren – ob sie nun Stech- oder Doppelpaddel benutzt haben. Denn bei jeder Paddeltour kann man etwas hinzulernen und ich habe bestimmt von ihnen allen profitiert. So sehr, dass ich mir nun anmaße meine Kenntnisse einigermaßen strukturiert in diesem Text weiterzugeben.

Ein besonderer Dank richtet sich an die, die mir das Canadierpaddeln nahegebracht haben bzw. mir Kniffe gezeigt und mich auf Fehler aufmerksam gemacht haben.

Chronologisch geordnet waren das insbesondere: Michael Hampel, Rainer Wagelaar, Jörg Wagner, Armin Burzlauer, Heinz Götze, Claudius Loth, Klemens Domogalla, …

Denjenigen, denen ich meine Paddelkenntnisse vermitteln durfte bin ich ebenfalls sehr dankbar. Denn durch sie ist mir klarer geworden, worauf bei der Beschreibung von Techniken und Strategien zu achten ist damit diese erfasst und in das jeweilige Handlungsrepertoire übertragen werden können.

In Bezug auf diesen Text danke ich unter all meinen Mitpaddlerinnen und Mitpaddlern besonders denjenigen, aus deren Bildern ich einige für diese Publikation auswählen und verwenden durfte. Für ihre unverzichtbare Hilfe bei der Korrektur des Textes und für viele hilfreiche Anregungen bedanke ich mich bei Gerhard Loch, Michael Böhme und Ruth Doersing.

Tübingen im September 2012 Axel Kühn

Zu Bildern und Skizzen und zur Sprache

Die Bilder und Skizzen im Text stammen, wenn nicht anders gekennzeichnet, von mir. Von den Bildern auf dem Titel stammen eins von Wolfgang Hölbling und zwei von Klemens Domogalla.

Versuche, den Text geschlechtsneutral zu formulieren, sind kläglich gescheitert. Dort, wo die generisch männliche Form verwendet wird, sind natürlich auch Frauen gemeint.

Inhalt

Canadierpaddeln lernen

In diesem Buch geht es um Canadier und den Umgang mit diesen Booten. Das Buch richtet sich vordringlich an Menschen, die bislang ohne theoretischen Ballast einfach nur gepaddelt sind oder sich dieser Bootsgattung erst annähern wollen. Deshalb behandelt es die Grundlagen und erklärt so manches, was erfahrene und „geschulte" Paddler zum Gähnen langweilig finden.

Ich bezeichne mich gerne als „langjähriger Anfänger" im Paddeln und versuche damit eine Grundhaltung zu vermitteln die beinhaltet, dass jeder, der Boote paddelt, sich nie einbilden sollte, dass er ausgelernt hat. Der Umgang mit Canadiern und dem fließenden Wasser ist ein nicht enden wollender Lernprozess. Obwohl das Paddeln keine Geheimwissenschaft ist – man kommt eigentlich von Anfang an ohne große Einweisung damit zurecht – birgt die Beschäftigung mit dem Stechpaddeln immer wieder Aha-Erlebnisse und Möglichkeiten zur Fortentwicklung, die auch für erfahrene Paddler recht überraschend sein können.

Bei jeder Paddeltour kann man etwas dazulernen. Neues kann und muss manchmal ausprobiert werden und neue Anforderungen erfordern neue Handlungsabläufe, die – wenn sie gelingen – in das Repertoire des Paddlers einfließen. Und wer erst einmal herausforderndere Gewässer bewältigt, dem wird schnell bewusst, dass es noch spannendere und anspruchsvollere gibt, die noch nicht bewältigt wurden – vorausgesetzt, die Herausforderung wird angenommen. Es ist völlig legitim sie nicht anzunehmen und sich zeitweilig auf gewohnten Gewässern herumzutreiben und wohlzufühlen. Da Canadier aber auf Wasser unterwegs sind, sind sie nicht nur sinnbildlich einem gewissen „Sog" ausgesetzt. Das gilt auch für die paddeltechnischen Herausforderungen, die sich den Paddlern stellen. Dieser Sog sorgt fast zwangsläufig dafür, dass gewohnte Gewässer und Schwierigkeitsgrade verlassen werden und unbekannte, womöglich schwierigere Abschnitte erreicht werden. Mit ihnen zurechtzukommen erfordert die Bereitschaft sich auf einen Lernprozess einzulassen.

Bild: Jochen Kühn

Wer diesen Lernprozess etwas beschleunigen will, hat die Möglichkeit einen strukturierten Kurs zu belegen. Natürlich kann man sich völlig unbedarft in ein Boot setzen und jede Menge Spaß haben. Man kann die hier und anderswo beschriebenen Techniken ausprobieren und mit etwas Geschick richtig anspruchsvolle Manöver bewältigen. Die Anleitung eines erfahrenen Trainers, der im Moment des Paddelns korrigierend oder ergänzend eingreifen kann, beschleunigt jedoch spürbar den Lernprozess.

Paddelkurse beschleunigen den Lernprozess.

Wer sich mehr Zeit lassen will oder auf seine Begabung vertraut, kommt auch ohne Kurs zurecht.

Im Kurs lassen sich die Anforderungen schrittweise steigern. Völlig selbstgesteuert sind diese Abstufungen nicht so fein dosierbar. Das, was man in einem Kurs lernt, erweitert den Handlungsspielraum zusätzlich und damit langfristig auch den Spaß am Paddeln.

Allerdings muss einschränkend angeführt werden, dass es brillante Paddler gibt, die nie im Leben einen Kurs besucht haben, sondern stets in Gruppen mit kompetenten Mitpaddlern unterwegs waren. Und es gibt auch solche, die völlig frustriert aus einem Kurs kamen, in dem konstant auf ihre Schwächen hingewiesen wurde.

Kanuklubs begünstigen bei uns häufig Kajaks. Eine Mitgliedschaft hat für Canadierpaddler trotzdem Vorteile und im Idealfall kann man dort mehr und besser als in gewerblichen Kursen lernen.

Noch nachhaltiger als das Belegen von Kursen kann für den Lernfortschritt die aktive Mitgliedschaft in einem Paddelverein sein. Dort werden vereinsinterne Kurse angeboten und es werden Ausfahrten veranstaltet, in deren Rahmen manch hilfreicher Ratschlag und anschauliche Beispiele zur Weiterentwicklung der Paddeltechnik zu bekommen sind, und in denen das im Kurs erworbene Wissen angeleitet verfestigt wird.

Dieser Aspekt des Übens, des Umsetzen des Erlernten und das wieder kehrende Feedback von erfahrenen Paddlern sind die unbestreitbaren Vorteile, die eine Vereinsmitgliedschaft mit sich bringt.

Die häufig geäußerte Ablehnung gegen Kanuklubs kann ich deshalb nicht nachvollziehen. Vielleicht habe ich mit meinem Klub einfach nur Glück gehabt. Eine Ursache der Ablehnung von Vereinen in der Canadierszene mag in der Konzentration der meisten Paddelvereine aufs Kajakpaddeln zu suchen sein. Eine andere könnte aber auch im Image des menschenscheuen Einzelgängers liegen, in das sich nicht wenige Canadierpaddler hineinsteigern.

1 Der Canadier

1.1 Etymologisches, Typologie, Nutzung und Risiken

In diesem Abschnitt soll erst einmal grundlegend geklärt werden, was dafür spricht diese Bootsgattung mit „C“ zu schreiben und welche Bandbreite von Canadiern es für welche Einsatzzwecke gibt. Schließlich werden die tatsächlichen und vermeintlichen Risiken des Paddelns im Canadier angesprochen.

1.1.1 Canadier – warum eigentlich mit „C“?

Wenn von Canadiern mit „C“ die Rede ist, sind Boote gemeint. In der deutschen Sprache bezeichnet das Wort Kanadier mit „K“ Personen, die aus diesem nordamerikanischen Land kommen, aus dem nicht ganz zufällig die Bootsgattung, um die es hier geht, ebenfalls stammt. Im deutschsprachigen Raum hat sich der Begriff Kanu (abgleitet vom englischen Canoe) als Oberbegriff für Canadier und Kajaks eingebürgert. Die englischsprachigen Länder verwenden Canoe für Canadier und Kayak für Kajaks. Deshalb stehen die internationalen Kürzel C1 oder C2 für geschlossene Solo- und Tandemcanadier (mit kleiner Sitzluke) und OC1 und OC2 für die offenen Varianten (mit umlaufendem Süllrand), während K1 und K2 die Kürzel für Solo- und Tandemkajaks sind.

Es gibt viele Namen: Paddelboot, Canadier, Kanu, Kanadier...

Oft sind zunächst die gleichen Boote gemeint, die sich dann jedoch bei genauerem Hinsehen sehr unterscheiden.

Etwas widerstrebend verwende ich deshalb stets das leicht verschrobene Kunstwort „Canadier“, weil „Kanadier“ falsch wäre und „Canoe“ mir doch ein wenig zu englischtümelnd vorkommt.

1.1.2 Was ist ein Canadier und was wird damit gemacht?

Bei Canadiern handelt es sich um über den größten Teil ihrer Länge hin offene Boote, die mit Stechpaddeln vorangetrieben werden. Damit unterscheiden sie sich von Kajaks[1] und Ruderskiffs[2]. Aber die Übergänge sind fließend: Selbstverständlich kann man sich in ein Kajak setzen und es mit einem Stechpaddel durchs Wasser schieben, aber dadurch wird es nicht zum Canadier. Wäre ein Sattelsitz eingebaut, so dass es im Knien gepaddelt wird, würde es aber schon zum C1, also zum geschlossenen Canadier. Fast jeder Canadier ist mit etwas handwerklichem Geschick zu einem Ruderboot umzubauen. In ganz kleinen Solocanadiern, sogenannten Pack-Canoes, ist es üblich sich auf dem Bootsboden sitzend mit einem Doppelpaddel fortzubewegen.

Große Transportcanadier oder Canadier für Angler haben ein Spiegelheck, an das ein Außenbordmotor montiert werden kann. Aber es gibt auch seitliche Halterungen für Motoren (die bei unsachgemäßer Montage und Handhabung gerne mal zu Kenterungen führen). Diese Vielfalt zeigt schon, dass eine exakte Definition schwierig und wohl auch unnötig ist. Im Wesentlichen sollte trotzdem klar geworden sein, um welche Boote es hier geht. Offene Boote, die außer relativ kleinen Endkappen keine geschlossenen Decks besitzen und die – das mag manchen schon überraschen - in der Regel kniend (aber auch sitzend) vorwiegend mit Stechpaddeln fortbewegt werden.

Klassische Canadier üben auf viele Menschen schon deshalb eine große Faszination aus weil sie in der Literatur und in Filmen als Fortbewegungsmittel der nordamerikanischen Urbevölkerung ein wenig idyllisch verklärt dargestellt werden.

---

[1] Diese haben meist – bis auf die Sitzluke – ein geschlossenes Deck und werden mit einem Doppelpaddel vorangetrieben (in der britischen Canadier-Szene wird diese Bootsgattung als „dark-side“ bezeichnet).

[2] Die sind zwar offen, werden aber mit Riemen rückwärts zur Fahrtrichtung auf einem Rollsitz sitzend und hin- und herrutschend gerudert (bei den Briten als „very-dark-side“ bezeichnet).

Tatsächlich waren die Flüsse in den unwegsamen Urwäldern Nordamerikas lange Zeit die einzigen Verbindungswege bevor der Raubbau an Wäldern und Rohstoffen einsetzte. Die leichten Boote, die auch mal über Landabschnitte übertragen werden mussten (Portagen), wurden von den eindringenden Pelzhändlern und auch von Siedlern übernommen. Sie wurden hauptsächlich für den Handel mit den Naturschätzen des nordamerikanischen Kontinents und damit einhergehend zu dessen Erschließung genutzt.

Als Freizeitboote dienen Canadier heute der Entspannung und der sportlichen Betätigung. Bezüglich der sportlichen Komponente dieser Freizeitbeschäftigung muss mit Bedauern festgestellt werden, dass der Kanusport hierzulande in gewisser Weise mit allerhand Motorsport verknüpft ist: in aufwändigen logistischen Manövern werden Autos versetzt, damit bei Flussfahrten am flussab gelegenen Ziel ein Vehikel für den Rücktransport bereitsteht. Im besten Fall werden noch Fahrräder am Paddelziel platziert oder eine der in Flusstälern häufig bestehenden Bahnstrecken genutzt.

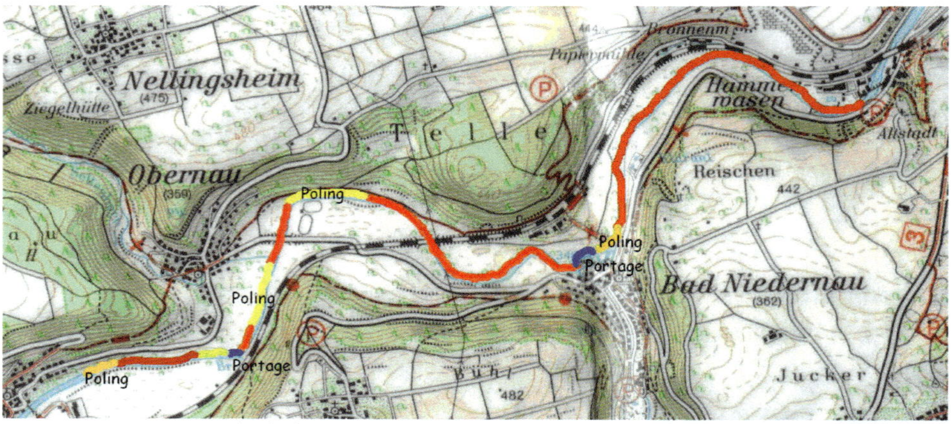

Abschnitt des Neckars, der aufwärts befahren wurde: Paddelabschnitte, Poling- und Treidelpassagen sowie Umtragestrecken wurden unterschiedlich eingefärbt (erkennbar ist auch die Bahnstrecke im Flusstal).

In Zeiten, in denen mit Canadiern noch monatelange kontinentale Handelsreisen unternommen wurden, war es selbstverständlich, dass Flüsse mit diesen Booten in beide Richtungen befahren wurden. Dafür wurden Canadier schließlich konstruiert: ihre schlanke Form soll das Paddeln gegen die Strömung erleichtern und ihr geringes Gewicht soll das Umtragen (Portagieren) von Hindernissen oder stark strömenden Abschnitten (Stromschnellen, Wasserfälle) ermöglichen. Es ist offensichtlich, dass das Flussaufreisen erheblich langsamer und mühsamer vonstatten geht als die flotte Fahrt mit der Strömung. Aber gerade die Auseinandersetzung mit dem entgegenkommenden Wasser beinhaltet einen vielfach vernachlässigten Reiz und eine sportliche Herausforderung, der sich Canadierpaddler von Anfang an stellen sollten.

Canadier waren ursprünglich unverzichtbare Fortbewegungsmittel für die Befahrung von Seen und Flüssen – **mit der Strömung und auch flussaufwärts**!

Auf der vermeintlich „reinen“ Sportseite gibt es die olympische Bootsklasse **Renncanadier**, die allerdings wenig Ähnlichkeit mit klassischen Canadiern hat. Als tendenziell eher traditionell orientierter Canadierpaddler hätte ich keinerlei Skrupel, sie als extreme Abart aus dem Repertoire unterschiedlicher Canadierarten auszusortieren. **Marathoncanadier** ähneln schon deutlich mehr alltagstauglichen Reisebooten. Sie bilden als lange, schmale und flache Langstreckenboote das genaue Gegenteil zu den kurzen, rundlichen, aber immer noch offenen Wildwasserbooten. Die **Wildwassercanadier** finden ihre extremste Ausformung in den kajakartigen, flachen, geschlossenen Wildwassercanadiern, die ebenfalls bei den Olympischen Spielen zum Einsatz kommen. Merke: Reine Sportcanadier – insbesondere die der olympischen Klassifikation – haben nur noch wenig bis gar nichts mit ursprünglichen Canadiern gemein. Dabei sind es ausgerechnet diese extremen Varianten, die als Wettbewerbsboote in der Öffentlichkeit Aufmerksamkeit finden und denen von Seiten der Verbände im Rahmen der Sportförderung ein großer finanzieller Aufwand zuteil wird.

Gerade die **olympische Bootsklasse** „Canadier“ hat besonders wenig Ähnlichkeit zu ursprünglichen Canadiern.

Eine Sonderform des Canadierpaddelns bildet das „**Freestyle**-Paddeln“. Es gibt die Wildwasser-Stechpaddler, die - ähnlich wie Freestyle-Kajaker - rasante Manöver in heftigen Wellen und Walzen paddeln. Dann gibt es aber auch Flachwasser-Freestyle, das aus den USA kommt und sich zuneh-

„Freestyle"-Paddeln ist die hohe Kunst der Bootsbeherrschung in „stehenden Wellen" – oder auf „stehenden Gewässern".

mender Beliebtheit erfreut. Dabei werden - häufig zu Musik, quasi als „Kanu-Ballett" - auf flachem Wasser standardisierte oder auch kreativ entwickelte Manöver und Figuren gefahren, die ein hohes Maß an Bootsbeherrschung und elaborierte Paddeltechnik voraussetzen. Ähnlich, aber doch anders, ist **Canadian-Style**. Diese Formen des Kanuballetts sind nett anzusehen und ihr verfallen immer mehr Paddler. Mich hat dieser Virus nie recht ergriffen – vielleicht weil ich nicht an einem See, sondern an einem Fluss wohne und Paddeln zu Musik leichtgradig dekadent finde. Aber auch (oder gerade) ohne die akustische Untermalung sind diese Freestyle-Manöver großartig anzusehen und ich ertappe mich gelegentlich dabei, wie ich versuche, das eine oder andere auf ruhigeren Flussabschnitten „nachzuturnen".

1.1.3 Paddelgewässer

Obwohl unsere Fließgewässer fast ausnahmslos von industrieller Nutzung geprägt und die wenigen natürlichen Abschnitte zunehmend stärkeren Einschränkungen unterworfen sind (hierzu mehr ab Seite 105), lassen sich gerade vom Canadier aus ganz eigene und sehr eindrückliche Naturerfahrungen machen. Die Perspektive von der Wasseroberfläche aus schränkt auf Flüssen zwar zunächst den Horizont ein, fokussiert damit aber die Wahrnehmung auf nahe, sonst leicht zu übersehende Phänomene am Ufer oder unter der Wasseroberfläche.

Im Boot durch das Wasser gleiten (die Tatsache ignorierend, dass Canadier eigentlich zu den „Verdrängern“ zählen) vermittelt eine Erfahrung, deren spirituelle Dimension zu schildern ich dem geneigten Leser lieber ersparen will, weil ich Gefahr liefe, blubbernd in esoterischen Untiefen abzutauchen. Für mich und manchen anderen gibt es sie (auch wenn sie sich nicht recht in Worte fassen lässt). Besonders bemerkbar macht sie sich, wenn das Boot bestiegen und damit förmlich der Alltag verlassen wird. Wildwasserfahrten haben diesbezüglich eine ganz eigene Qualität: Die Bewegungen des Wassers zu nutzen, sich ihnen anzupassen und ihnen – mit der richtigen Technik – in angemessener Weise da, wo das nötig ist, etwas entgegenzusetzen, beinhaltet vielfältige überwiegend erfreuliche Lernerfahrungen. Manchmal muss man aber auch lernen, ein gewisses Maß an Frustration zu verkraften. Wenn es nicht gelingt, mit Strömungsverhältnissen zurechtzukommen, die andere Paddler scheinbar spielend bewältigen. Dann wird einem bewusst, dass man immer noch etwas hinzulernen kann und manchmal muss man sich auch die Erkenntnis vergegenwärtigen, dass es Talente gibt, die nicht jeder haben kann.

Die **spirituelle Dimension des Canadierpaddelns** soll jeder selbst entdecken.

Wildwasserfahrten im offenen Canadier sind eine spritzige Angelegenheit. Gelegentlich muss das Boot entleert werden, weil zuviel Schwallwasser eingedrungen ist. Kommt im Tandemcanadier noch auf beiden Seiten das Paddel zum Einsatz, ist bei Solofahrten im Wildwasser notgedrungen eine Paddelseite bevorzugt – anders als im Kajak, wo jederzeit auf beiden Seiten des Bootes „gestützt“ werden kann, d.h. Kippbewegungen des Bootes abgefangen werden können. Das schränkt die Wildwassertauglichkeit von Canadiern gegenüber Kajaks ein. Aber die Wildwasserpaddler unter den Canadiern sind beständig bemüht, diese Begrenzungen zu überwinden. So werden mittlerweile im Canadier Schwierigkeitsgrade bewältigt, die vor wenigen Jahren noch ausschließlich Kajakpaddlern vorbehalten waren. Es ist nicht dringend erforderlich, sich an diesem Wettbewerb zu beteiligen, ihn zu verfolgen ist dennoch spannend.

Paddeln auf Seen und ruhigen Wasserflächen kann Menschen, die hierfür zugänglich sind, Momente tiefer Entspannung bis hin zu intensiver Meditation vermitteln. Mir fehlt diese Gabe und ich paddele solche Abschnitte eher aus Notwendigkeit als aus Passion.

Wenn große Wasserflächen überwunden werden müssen, sind die Wetterbedingungen genau zu beobachten. Ein Gewitter, Wind und Wellen mitten auf einem See haben schon manchen nordamerikanischen Paddelveteranen überrascht und der eine oder andere ist nie wieder aufgetaucht. Das mag ein ehrenvoller Paddlertod sein, aber der sollte doch – wenn überhaupt – ganz weit am Ende einer langen und erfüllten Paddelkarriere stehen.

In unseren Breiten gibt es ja bedauerlich wenige große Seen, aber schon im Urlaub in Schweden oder Finnland wird man mit ihnen konfrontiert. Besonders heimtückisch sind ablandige Winde. Im Schutz des Ufers und seiner Vegetation wirken sie kaum auf die Wasseroberfläche und suggerieren einen mäßigen Wellengang. Weiter draußen können sie hohe Wellen verursachen und – was hinzukommt – der Winddruck kann die Rückkehr zum Ufer erheblich erschweren. Insbesondere Boote mit hohen Steven (hochgezogene Bootsenden) sind extrem windanfällig und können allein durch Winddruck kentern. Im Zweifelsfall sollten Canadierpaddler sich in Ufernähe bewegen und dabei notfalls in größeren Buchten am Ufer entlang paddeln, statt sie zu überqueren, oder auf nachlassenden Wind am Ende des Tages oder früh am Morgen warten.

Meerespaddeln wird von unerschrockenen Enthusiasten auch im Canadier betrieben – es beinhaltet große Risiken.

Es gibt Enthusiasten, die sich mit ihren Canadiern hinaus aufs Meer wagen. Ich halte das eher für verwegen und überlasse bereitwillig diese Gewässer mir geeigneter erscheinenden Bootsgattungen. An Küsten mit mäßiger Brandung mag sich ein Canadier wohl über Wasser halten. Dort aber, wo stetig Gischt überkommt, wird der Canadier irgendwann zur Badewanne. Wenn dann keine Möglichkeit besteht, eben mal ans Ufer zu paddeln, um Wasser auszuleeren, und das Ösfass häufiger im Einsatz ist als das Paddel, türmen sich Probleme auf, die ich nicht haben möchte und niemandem wünsche.

Damit sind wir schon bei einer Reihe von Risiken des Canadierpaddelns, die – auch wenn sie das Paddeln unattraktiv erscheinen lassen sollten – nachfolgend etwas vollständiger und intensiver behandelt werden.

1.1.4 Tatsächliche und vermeintliche Risiken des Canadierpaddelns

Es kommt beim Paddeln gelegentlich zu Kenterungen. Dabei wird man nass. Das ist besonders ärgerlich, weil sich ja viele Menschen deshalb für das Paddeln in Booten entscheiden, weil sie beim Wassersport vor dem Nasswerden bewahrt bleiben wollen.

Durch das Erlernen des richtigen Umgangs mit Booten kann mandas Risiko von Kenterungen stark reduzieren. Aber das Erlernen von Paddeltechnik beinhaltet den latenten Drang, immer größere paddlerische Herausforderungen anzunehmen, die wiederum das Risiko des Kenterns und Nasswerdens unzweifelhaft erhöhen. Ein Teufelskreis, aus dem nur konsequente Disziplin und Selbstbeschränkung einen Ausweg bilden. Wo bleibt dabei dann der Spaß? Kentern und Nasswerden muss also als potentieller Bestandteil des Sports angesehen werden – es sind Sicherheitsvorkehrungen zu treffen (Schwimmwesten, Kälteschutzkleidung etc. – ich komme noch darauf zurück).

Ein weiteres Risiko des Canadierpaddelns besteht in seinem offenkundigen Suchtpotential. Wer in Erwägung zieht, sich intensiver mit dieser Bootsgattung zu befassen, muss sich die Tatsache frühzeitig vergegenwärtigen, dass diese Passion bei ungefestigten Charakteren wie mir und zahlreichen anderen Paddlern zur Obsession wird. Es kann jeden treffen. Es gibt jedoch erheblich verwerflichere und moralisch fragwürdigere Leidenschaften als das Canadierpaddeln.

Das Canadierpaddeln beinhaltet ein hohes **Suchtpotential**. Es gibt allerdings erheblich fragwürdigere Obsessionen.

Aber die wirklichen Risiken liegen tatsächlich in Bootsunfällen und in Unterkühlung infolge von Kenterungen.

Bootsunfälle: Viele Unfälle beim Paddeln in Canadiern passieren aufgrund einer Fehleinschätzung der Strömungsverhältnisse oder weil es zur Kollision mit einem Hindernis im Wasser gekommen ist. Hauptursache für diese Kollisionen sind verborgene Felsen oder solide Äste unter der Wasseroberfläche, die nicht rechtzeitig erkannt werden. Besonders tückisch sind Kenterungen aufgrund von Winddruck und Wellengang auf größeren Wasserflächen. Eine weitere Ursache für Kenterungen können Zusammenstöße mit anderen Booten sein. Insbesondere Kajakpaddler scheinen die Neigung zu haben, sich auf ruhigen Gewässerabschnitten eher treiben zu lassen, während Canadierpaddler – vielleicht aus Wanderpaddlertradition heraus, vielleicht aber zur Beibehaltung der Bootskontrolle, gerne eine gewisse Grundgeschwindigkeit halten. Auf engen Flüssen birgt dieses Phänomen Risiken.

Kollisionen mit anderen Paddlern führen gelegentlich zu Kenterungen – oft schwimmen beide Kontrahenten am Ende im Wasser.

Zu den eher harmlosen Unfällen rechne ich Kenterungen beim Ein- und Aussteigen, die statistisch bestimmt den größten Häufigkeitswert erreichen. Sie beinhalten wenig Risikopotential, weil sie ja am Ufer stattfinden, und sind mit etwas Übung und richtiger Technik vermeidbar.

Kenterungen sind weder peinlich noch vermeidbar. Sie können richtig Spaß machen und sollten – ebenso wie der Wiedereinstieg aus tiefem Wasser – sogar geübt werden.

Kenterungen in schmalen, mäßig schnell fließenden Gewässern sind nicht weiter schlimm. Als problematisch können sich Kenterungen auf großen Wasserflächen erweisen, oder solche in Wuchtwasser oder bei niedrigen Temperaturen. Besonders dem Aspekt der Unterkühlung im Wasser sollte besondere Aufmerksamkeit gelten. Je niedriger die Wassertemperatur ist, desto schneller tritt eine Lähmung der schwimmenden Person ein. Diese Lähmung ist unausweichlich und auch nicht mit Willenskraft zu überwinden. Deshalb orientiert sich die Wahl der Kleidung beim Paddeln auch nicht an der Luft-, sondern an der Wassertemperatur (darauf komme ich ab S. 61 noch zurück) und es ist nach einem Sturz in kaltes Wasser die dringlichste Aufgabe, wieder aus dem Wasser herauszukommen und den oder die Durchnässten in trockene, warme Verhältnisse zu bringen. Das kann gerade auf großen Wasserflächen hoch problematisch sein.

In fließenden Gewässern bilden unterspülte Felsen, denen nicht frühzeitig genug ausgewichen wird, viel häufiger aber noch umgestürzte Bäume die Hindernisse, an denen oft tragische Unfälle zu verzeichnen sind. Das Wasser fließt ungehindert durch deren Geäst, aber Boote und Paddler bleiben (womöglich unter Wasser) hängen. Ähnlich gefährlich sind Wasserwalzen hinter künstlichen Wehren[3] oder steil abfallenden natürlichen Hindernissen. Wenn Boote da hinein geraten, können sie samt Insassen lange Zeit in der Walze festgehalten und herumgewirbelt werden. Wann immer sich so ein Absturz laut rauschend ankündigt, sollte man ans Ufer paddeln, aussteigen und sich die Sache sehr genau und gründlich ansehen. Beim geringsten Zweifel sollte umgetragen werden.

Diese drei letztgenannten Gefahren (unterspülte Felsen, Geäst und Rückläufe hinter Walzen) gelten als einzige Notsituationen, in denen es eventuell sinnvoll sein kann, die Schwimmweste abzulegen, um sich zu befreien. Ganz generell gilt jedoch, dass die allermeisten tragischen Unfälle beim Paddeln deshalb passieren, weil Paddler keine Schwimmwesten tragen. Die Online-Unfalldatenbank der amerikanischen Organisation „American Whitewater" listet alle bekannten Bootsunfälle seit 1924 auf. Demnach sind erschreckend häufig Menschen ohne Schwimmwesten selbst im Wildwasser unterwegs.

Menschen ertrinken nicht, weil sie ins Wasser fallen, sondern weil sie unter bestimmten Bedingungen weder aus eigener Kraft noch mit fremder Hilfe rechtzeitig wieder aus dem Wasser heraus kommen.

Schon mit Blick auf diese Statistik ist es beim Paddeln stets ratsam, eine Schwimmweste zu tragen. Vielleicht kann man auf tretbootdurchsetzten, stehenden Ausflugsgewässern eine Ausnahme machen, aber auch da soll es schon zu tragischen Unfällen gekommen sein. Auf Schwimmwesten wird in einem späteren Abschnitt (ab S. 55) eingegangen.

Wer je in zügig fließendem Gewässer gekentert ist (in Vereinen und Kursen werden solche Kenterungen absichtlich und gut gesichert geübt), wird festgestellt haben, dass schnell fließendes Wasser schwimmende Menschen zwar selbst bei Grundkontakt mit sich fortreißt, darin aber durchaus zielgerichtet im Strom (keinesfalls gegen die Strömung) geschwommen werden kann. Es ist deshalb zunächst wichtig so

[3] Künstliche Wehre bilden oftmals Todesfallen für Paddler. Selbst die Strömung unter kleinen Stufen kann – wenn die Stufen gleichförmig quer zur Flussrichtung angelegt sind – schwimmende Paddler so lange festhalten und im Rücklauf rotieren, bis der Ertrinkungstod eintritt.

zu schwimmen, dass sich kein Körper- oder Ausrüstungsteil in Felsspalten oder Geäst im Fluss oder am Flussgrund verfangen kann. Deshalb wird da, wo es zu Fels- oder Grundkontakt kommen kann, auf dem Rücken liegend geschwommen. Die Füße sind flussabwärts gerichtet und sollten an der Wasseroberfläche gehalten werden. Sie dienen so als Stoßdämpfer, wenn Hindernisse auftauchen. Sie dürfen nicht den Flussgrund berühren, bevor die Wassertiefe etwa Kniehöhe erreicht hat. Mit den Armen – oder auch nur mit einem Arm, wenn es gelungen ist, Boot und Paddel bei sich zu behalten – wird das Ufer angesteuert. In tiefem Wasser oder wenn das Ufer oder Retter nahe kommen, sollte die Rückenschwimmhaltung aufgegeben werden, um mit schnellen Schwimmbewegungen in den sicheren Bereich – z.B. unterhalb eines Felsens im Wasser – zu gelangen.

Das Boot sollte dann losgelassen werden, wenn man nach einer Kenterung auf einen Wasserfall oder ein Wehr zutreibt oder wenn man in einer Gruppe fähiger Paddler unterwegs ist, denen zugemutet werden kann, die Ausrüstung zu bergen. Vielfach sind begleitende Paddler jedoch überfordert, einen gekenterten Canadier ans Ufer zu bugsieren. Wenn also keine Gefahr für Leib und Leben besteht, hat die Boots- und Materialbergung hohe Priorität, da gerade in Wildflusstälern ein Fortkommen ohne Boot schlecht möglich ist. Man sollte das Boot immer flussab vor sich her schieben, damit es zuerst auf eventuelle Hindernisse im Wasser auftrifft und nicht die Schwimmerin oder den Schwimmer einklemmt. Ein vollgelaufenes Boot kann leicht über eine Tonne wiegen.

Ich kenne einige brillante Paddler, die immer wieder kentern, weil sie bereit dazu sind, ihre Fähigkeiten auch in solchen Wasserverhältnissen zu erweitern, in denen sie bislang nicht zurechtkamen. Ich selbst scheue häufig derartige Experimente und erweitere meine Kompetenzen deshalb deutlich langsamer, bin aber voller Hochachtung gegenüber diesen verwegenen Zeitgenossen, die unerschrocken, ja fast mutwillig Kenterungen in Kauf nehmen, sich und ihre Ausrüstung selbst retten und es dann gleich wieder versuchen.

Wiederaufrichten des durchgekenterten Bootes aus dem tiefen Wasser mittels **Capistrano-Flip**, Wiedereinstieg mit Hilfe des zweiten Paddlers, der das Boot aufrecht hält.

Bilder: Lutz Scheideler

Wem bei diesen Risiko-Schilderungen angst und bange wird, kann grundsätzlich versichert sein, dass es wesentlich riskantere Sportarten als das Canadierpaddeln gibt und dass die meisten Unfälle auf der Fahrt zum oder vom Paddeln passieren. Bei Beachtung einer Reihe von Sicherheitsmaßnahmen ist das Paddeln eine weitestgehend gefahrlose Sache – das ganze Jahr hindurch. Aber auch erfahrene Paddler, die auf lange Jahre sicheren Paddelns ohne jede Kenterung zurückblicken können, werden hin und wieder durch den „Geist des

Wassers“ (oder einen wenig beseelten, aber heimtückisch überspülten Baumstumpf) fast beiläufig mittels Kenterung angemessen gedemütigt und so daran erinnert, die erforderlichen Sicherheitsmaßnahmen zu beachten und die Beherrschung der grundlegenden Rettungstechniken durch gelegentliche Übungen parat zu halten.

1.2 Unterschiedliche Bootstypen

Wie bei jedem Gegenstand kommt es unserer Vorstellungskraft entgegen, wenn ein Canadier in drei Dimensionen dargestellt und beschrieben wird. Er kann von unten bzw. oben, von der Seite und von vorn bzw. hinten betrachtet werden und bildet dann jeweils eine Silhouette, die allerhand über die Fahreigenschaften des jeweiligen Bootes aussagt. Fangen wir mal mit der Draufsicht an.

1.2.1 Die Form

Die vermeintlich einfache Linsenform des Canadiers bietet Raum für vielfältige Varianten.

Bei der ***Betrachtung von oben*** fällt auf, dass die allermeisten Canadier symmetrisch gebaut sind. Das heißt, sie laufen vorne und hinten gleichmäßig spitz zu und haben genau in der Mitte die größte Breite. Lediglich die asymmetrische Anordnung der Sitze verrät, wo vorne (größere Lücke zwischen Sitz und Bug) und hinten ist. Dabei treten schlankere und breitere Formen auf. Die breiteren gelten natürlich als kippsicherer, verdrängen aber mehr Wasser auf kürzerer Strecke und sind deshalb etwas mühsamer zu paddeln.[4] Wenn die mittlere Breite des Bootes über mehr Länge geht (das Boot in der Draufsicht eher ein Oval als eine spitze Raute bildet), muss ebenfalls auf einem etwas kürzeren Weg mehr Wasser verdrängt werden. Die mit dieser Form einhergehende größere Zuladung und das größere Volumen gehen auf Kosten der Geschwindigkeit und Leichtläufigkeit. Der breitere Bug bewahrt das Boot im Wildwasser zwar davor, in jeder Welle

[4] Das ist eine sehr vereinfachende Darstellung. Wer sich eingehender mit dem Thema befassen will, sollte die brillanten Artikel von John Winters zu diesem Thema studieren.

Wasser überzunehmen, in stehenden Gewässern schiebt er aber eine lästig schwere Bugwelle vor sich her.

Symmetrische Boote sind für alle Spielarten des Canadierpaddelns geeignet. Sie haben ein neutrales Fahrverhalten unabhängig davon, ob sie schneller oder langsamer als die sie umgebende Strömung unterwegs sind. Symmetrische Tandemboote können auch mal solo gefahren werden, indem die vordere Sitzbank (die näher bei der Bootsmitte liegt) von der paddelnden Person in Gegenrichtung „besetzt“ wird.

Asymmetrie begünstigt bestimmte Funktionen, schränkt aber die Nutzungsvielfalt ein.

Dann gibt es noch die asymmetrischen Boote. Solche, deren breiteste Stelle näher am Bug ist, werden häufig im Wildwasser eingesetzt, wo die Boote in vielen Situationen langsamer als die Strömung unterwegs sind. Sie sind durch die vorverlegte breiteste Stelle etwas richtungsstabiler. Wenn das Wasser von hinten an ihnen vorbei strömt, werden sie so tendenziell flussabwärts ausgerichtet. Gleichzeitig sorgt ein breiter Bug dafür, dass Wasser abgewiesen wird, das über einen schmalen Bug ins Boot hineinströmen würde.

Boote, deren breiteste Stelle hinter der Mitte liegt, also näher am Heck, sind Reise- oder Marathonboote, die in der Regel schneller als die Strömung, gegen die Strömung oder auf stehenden Gewässern unterwegs sind. Dadurch, dass das Wasser von vorne an ihren Bordwänden entlang strömt, werden sie in Bewegung so ausgerichtet, dass die schmale Spitze gegen das anströmende Wasser gerichtet bleibt.

Diese Asymmetrien sind mit dem bloßen Auge meist gar nicht wahrnehmbar, auch weil sie bei manchen Booten erst unter der Wasserlinie wirksam werden. Diese Boote weisen dann eine scheinbar symmetrische Süllrandsilhouette auf.

Von der Seite betrachtet hat so ein Canadier entweder eine gerade Kiellinie oder eine gekrümmte, einen steilen Bug (Marathonboote) oder einen runderen (Prospector, viele Wildwasserboote). Manche Canadier haben vorn und hinten weit hochgezogene Steven („Indianerboote“) oder diese sind gleichbleibend flach (moderne Formen). All diese Gegensätze stehen für die größtmögliche Vielfalt, jedes Merkmal hat jedoch auch seine eigene Bedeutung und Funktion.

Der **Kielsprung** eines Canadiers bestimmt seine Manövrierfähigkeit noch am deutlichsten – aber nicht allein!

Die Krümmung der Kiellinie hat z.B. starken Einfluss auf die Manövrierfähigkeit eines Bootes. Boote mit einem schnurgeraden Kiel[5] („wenig Kielsprung“) gleiten im Wasser ähnlich schnurgerade voran. Wenn man mit ihnen Kurven fahren will, muss man etwas mehr Anstrengung investieren als bei Booten, die auch nur eine geringfügige Krümmung der Kiellinie aufweisen. Man kann diese Boote mit geradem Kiel eher um die Kurve bekommen, wenn man sie – wie ein Fahrrad – ein wenig schräg legt, „aufkantet“, denn dann verschiebt sich gewissermaßen die effektive Kiellinie in den Seitenbereich, der bei jedem Canadier gekrümmt ist.

Hat ein Boot einen außen aufgesetzten Kiel als stützendes Element des Rumpfs, hilft selbst Aufkanten wenig. Solange die erhabene Kielleiste im Wasser bleibt, fährt das Boot tendenziell geradeaus.

Eine gewölbte Kiellinie („viel Kielsprung“) dagegen macht Boote leicht manövrierbar, aber schwer beherrschbar, wenn es einfach nur geradeaus gehen soll. Selbst sehr geringfügige Unterschiede in der Wölbung der Kiellinie bewirken ganz unterschiedliche Fahrcharakteristika dieser Boote. Oft haben Slalomboote einen asymmetrischen Kielsprung. Dann ist die Wölbung im vorderen Bereich stärker, damit ein kurzes Vorbeugen des Paddlers die Drehfreudigkeit erhöht, während eine leicht nach hinten geneigte Haltung den Geradeauslauf des Bootes begünstigt. Weiterhin erleichtert ein stärkerer Kielsprung im Vorschiff das Aufschwimmen beim Auftreffen auf Wellen.

Ein „negativer“ Kielsprung ist eine **Fehlkonstruktion** oder eine Abnutzungserscheinung, die ein Boot unbrauchbar macht.

Boote, deren Kiel in der Bootsmitte nach innen eingewölbt ist (unter denen man, wenn sie auf flachen Flächen aufliegen, hindurch sehen kann), sind Fehlkonstruktionen oder so alt und malträtiert, dass sie nur noch als Badeboot oder zum Angeln, aber keinesfalls zu vernünftigem Canadierpaddeln geeignet sind.

---

[5] Damit sind Boote gemeint, die auf eine flache Fläche gelegt kein bisschen nach vorn oder hinten kippeln, sondern fast über ihre ganze Länge satt aufliegen.

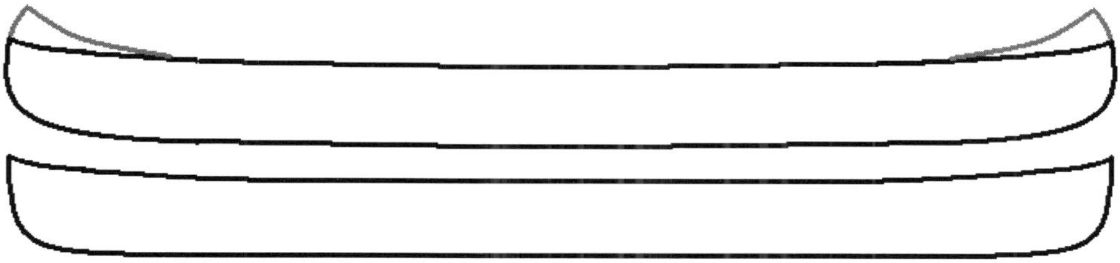

Obere Skizze: Boot mit „Kielsprung" und hochgezogenen Enden (grau)
Untere Skizze: Boot mit gerader Kiellinie und nahezu flachen Enden

Hochgezogene Enden bei Canadiern dienen allenfalls dem Abweisen von Wasser beim Eintauchen in Wellentäler (dann müssen sie aber auch in der Breite recht voluminös ausgeformt sein). Oder – bei den riesigen Canadiern der kanadischen Voyageure – der stabilen Seitenlage des auf den Uferkies schräg gelegten Bootes, um ein Tarp darüber zu spannen und darunter zu lagern. Bei Seitenwind wirken diese weit nach oben ragenden Flächen wie Segel und können beim Überqueren größerer Wasserflächen, bei starkem Wind selbst beim Paddeln auf breiteren Flüssen, immense Schwierigkeiten bereiten. Sie waren früher notwendig, als beim Bau von Birkenrindenbooten durch das Zusammenführen der Rinde nur relativ spitze Bootsformen herstellbar waren. Moderne Canadier haben in der Regel keine sehr hoch gezogenen Enden. Sie sind flach ausgeformt. Auch beim Bau von Wildwasserbooten wird auf hochgezogene Enden verzichtet. Die Enden werden im oberen Bereich eben breiter ausgeführt, damit das Wasser seitlich abgewiesen wird.

Die **Indianerbootoptik** einzelner Canadiermodelle ist lediglich romantischen Vorstellungen geschuldet und hat keine positive Funktion – im Gegenteil.

Von vorne bzw. hinten betrachtet bilden Canadierböden manchmal geradezu plane Linien oder haben auch ovale, manchmal leicht V-förmige Silhouetten. Über „flache" Bootsböden verfügen vermeintlich Vertrauen erweckende Anfängerboote, die beim Einsteigen und Paddeln auf ruhigem Wasser nicht besonders kippelig sind, in bewegtem Wasser bei schon geringen Seitenströmungen aber starken und oftmals nur schwer berechenbaren Schwankbewegungen ausgesetzt werden, die zu plötzlichem Kentern führen können. Das liegt daran, dass seitlich anströmendes Wasser direkt auf die vertikalen Bootswände trifft und damit starke Kräfte ausüben kann. Erst wieder bei den anspruchsvollen Wildwasserbooten findet sich eine solche Rumpfgeometrie – sie werden „aufgekantet", um präzise Manöver in heftig bewegtem Wasser zu fahren. Das erfordert Erfahrung und Können, denn wenn das Aufkanten nicht den Strömungsverhältnissen im Wasser angepasst ist, kommt es zur Kenterung.

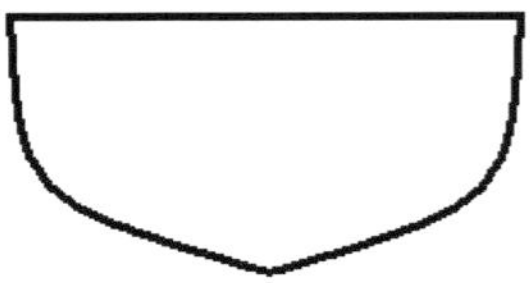
V-Kiel mit „flare"

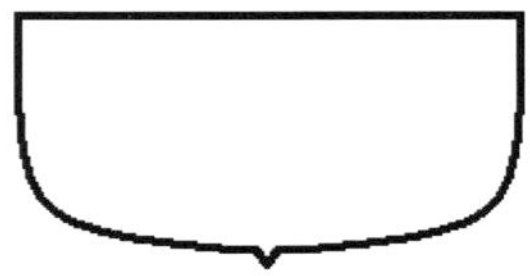
ausgeprägter Kiel

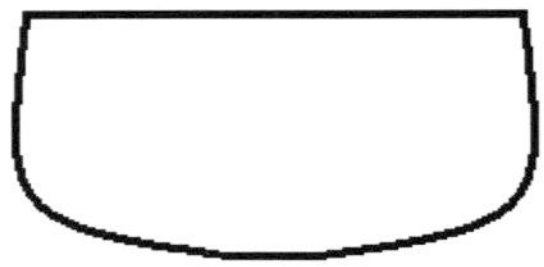
Rundboden mit „Tumblehome"

Gerade anfangs **‚kippelige' Boote** können sich als besonders „endstabil" erweisen, wenn sie beladen sind oder wenn ihre Form die Kippbewegung schließlich abfängt.

Boote mit flachem Rundboden oder V-Kiel können ebenfalls in Extremsituationen kentern. Aber dadurch, dass sie von Anfang an „kippeliger" sind, erlernen die Insassen gleich das Austarieren von Bewegungen und werden bei auftretenden Seitenströmungen instinktiv Ausgleichsbewegungen machen, die Kenterungen vorbeugen. V-Böden sollen die Richtungsstabilität der Boote erhöhen. Fast alle Canadier bilden an den Enden eine V-Form, bei den wenigsten wird dieser „Knick" bis über die Mitte hinaus durchgezogen.

Die Seitenwände eines Bootes können nach außen geneigt sein, „flare" haben. Das macht sie kippsicherer, kann aber das Paddeln erschweren, weil dann mit den Armen bei jeder Paddelbewegung weit über den Rand hinaus gereicht werden muss. Gerade nach oben gezogene Seiten verleihen den Booten leicht eine Kastenform, die wenig schmeichelhaft ist, aber bei Kippbewegungen zu einem Verzögerungsmoment vor dem Überkippen führt, das von erfahrenen Paddlern genutzt werden kann. Nach innen gezogene Seiten („tug-in" oder auch „tumblehome") erleichtern das Paddeln ungemein und können so ausgeführt werden, dass ebenfalls Kippbewegungen abgefangen werden. Besonders bei Fahrten in heftiger strömendem Wasser, in denen das Boot oftmals aufgekantet werden muss, ist so eine Sicherheitsreserve wie das bauartbedingte kurzzeitige Unterbrechen der Kippbewegung eine große Hilfe.

Zusammenfassung

Zusammenfassend und relativierend zu all diesen Charakteristika muss betont werden, dass die Nuancen Paddelanfängern häufig gar nicht erst auffallen. Erst mit angesammelter Erfahrung entwickelt sich eine Sensibilität für diese Feinheiten. Unsensible und etwas begriffsstutzige Zeitgenossen wie ich brauchen lange Jahre, bis sie begreifen, wovon da in der Fachdiskussion eigentlich dauernd die Rede ist. Von Händlern und Herstellern objektive Ratschläge zu erwarten wäre naiv. Selbst die, die sich „von einem guten Ethos bewegt“ sehen, betreiben vorwiegend Eigenwerbung (was allenfalls dann entschuldigt werden kann, wenn sie von ihren Produkten wirklich überzeugt sind). Dass ein Händler das Produkt eines Konkurrenten anpreist, habe ich äußerst selten erlebt.

Gute und „ungünstige“ Bootsformen können von Anfängern kaum unterschieden werden. Die Beratung der **Händler und Hersteller** ist selten neutral.

Dabei ist es durchaus üblich, dass einige Herstellermarken besonders gelungene Produktionsreihen ihrer Konkurrenten als Lizenzbauten aufnehmen, nachdem diese – oft aufgrund von neuen Schwerpunktsetzungen in ihrer Produktpalette – die Produktion der eigentlich erfolgreichen Boote eingestellt haben.

1.2.2 Das Material

Die Vielfalt an **Materialien**, die für den Bau von Canadiern verwendet werden, entspricht fast der Vielfalt unterschiedlicher Bootsformen, hat mit ihnen aber wenig zu tun.

Wenn es um das Material des Bootes geht, ist ein kleiner historischer Exkurs fast unvermeidlich. Machen wir's kurz: ***Birkenrindenkanus*** werden heute kaum mehr hergestellt, sind wunderschön und werden – bis auf wenige Ausnahmen – allenfalls zu besonderen Gelegenheiten im Museumstümpel ausgefahren. Schon zur Zeit der Voyageure[6] wurden Rindenkanus knapp, da die geeigneten Birken nur in eng begrenzten Gebieten wachsen und Raubbau betrieben wurde. So ein Baum muss eben an die 150 Jahre wachsen, bis seine Rinde für den Bau eines Canadiers ausreicht.

Wood-Canvas Boote wurden entwickelt. Es gibt sie noch heute, und sie haben in den letzten Jahren eine gewisse Renaissance erlebt. Das sind wunderschöne, wohldurchdachte, erstaunlich leichte und solide Boote, die mit einem gewissen (aber überschaubaren) Pflegeaufwand außerordentlich langlebig sind. Die über Dampf gebogenen Querrippen bilden den sichtbaren Bootsboden, unter dem eine längs liegende Holzschicht zu erkennen ist. Auf deren Außenseite liegt eine mit sogenanntem Filler getränkte und damit wasserundurchlässig gemachte Baumwollschicht auf. Außen wird noch Farbe auf-

[6] Die Voyageure waren die frankokanadischen Pelzhändler, die mit ihren Canadiern immer tiefer ins Landesinnere vordrangen und Tauschhandel betreibend von indianischen Jägern vor allem Biberpelze bezogen, die anschließend nach Europa verschifft wurden.

getragen und am äußeren Bootsboden vielfach eine Schellackschicht, die das Boot zusätzlich schützt. Innen wird das Holz allenfalls geölt, damit es immer wieder trocknen kann.

Meine besondere Leidenschaft gilt geklinkerten Booten (***Lapstrake***). Diese ausschließlich aus überlappenden Holzleisten gefertigten Boote werden kaum mehr hergestellt. Sie sind recht schwer, pflegebedürftig und notorisch undicht, wenn sie nicht ständig im Wasser dümpeln, so dass kleine Spalte durch das aufquellende Holz geschlossen werden. Historisch entstammt ihre Bauweise den Booten und Schiffen der Wikinger und das ist es wohl, was meine Begeisterung für sie auslöst. Vernünftige Gründe kann ich – selbst wenn ich mir Mühe gebe – nicht anführen.

Ähnlich wie geklinkerte Boote sind ***Stich-and-Glue*** Boote konstruiert. Bei diesen werden in der Regel nach vorgegebenen Schablonen ausgesägte Marinesperrholzplanken der Länge nach „vernäht" und anschließend mit Harzen und Gewebestreifen an den Nähten innen und manchmal auch außen verklebt (die Drahtschlaufen oder Kabelbinder, die zur Montage benötigt wurden, werden wieder entfernt, da die Verklebung selbst haltbar genug ist). Die Bootsform entwickelt sich aus dem Zusammenfügen der Planken und muss während des Bauprozesses mittels Hilfsmallen[7] symmetrisch ausgerichtet werden. Diese (z.B. in England sehr populären) Boote werden vielfach als Bausätze angeboten und können elegante, an geklinkerte Boote erinnernde Formen haben. Oft werden sie mit Glasfasermatten versiegelt.

---

[7] Das sind die „Rippen", auf denen das Boot gebaut wird und die im Zuge der Fertigstellung schließlich entfernt werden.

Skin on Frame-Boote sind filigrane Holzrahmenkonstruktionen, die mit hochstabilen Geweben bespannt, fest verklebt und lackiert werden, so dass sie in fertigem Zustand steif und nicht mehr demontierbar sind. Die Bauweise ist der der Kajaks der Urbevölkerung der Nordpolargebiete entlehnt.

Traditionelle **Naturmaterialien** finden fortwährend Anwendung im Canadierbau. So gebaute Boote können mit modernen Booten in Form und Funktion gleichberechtigt konkurrieren. Aus ästhetischer Perspektive haben sie in dieser Konkurrenz enorme Vorteile.

Diese Boote sind sensationell leicht, erstaunlich stabil und wunderschön anzusehen. Sie haben zwangsläufig eine Knickspantkonstruktion, da sich die Stoffbahnen über die Längsstreben falten. In der Regel handelt es sich um Eigenbauten, in denen viel Fleiß und Sorgfalt stecken. Sie werden trotz ihrer erstaunlichen Stabilität vorwiegend auf Seen und ruhigen Fließgewässern eingesetzt.

Boote aus Holzleisten, ***Leistenkanus*** (Woodstripper), oder ***Stich-and-Glue*** Boote können noch am einfachsten selbst hergestellt werden. Sie sind eigentlich karvelbeplankte Laminatboote, da die stumpf aufeinander geleimten Leisten in der Regel abschließend auf beiden Seiten mit Gewebebahnen und Harz versiegelt werden. Es gibt großartige Selbstbauten mit wunderschönen Holzstrukturen und manchmal geschmacklich recht eigenwilligen Einlegearbeiten. Preiswerte, nicht unbedingt schlechte Angebote aus Osteuropa stehen entsetzlich misslungenen Heimwerkerprodukten gegenüber, die oftmals völlig überteuert im Internet angeboten werden, weil der Erbauer sich irgendwann widerstrebend von seinem Machwerk trennen will. Um sich nicht in den Reihen dieser frustrierten Heimwerker wiederzufinden, sollte der Bau eines Leistenkanus erst erwogen werden, wenn etwas Erfahrung mit unterschiedlichen Bootsformen und deren Eigenschaften gesammelt werden konnte. Es gibt diverse Anleitungen in Buchform und zahlreiche Bauberichte im Internet, die zwar die erforderlichen handwerklichen Techniken und Kenntnisse über Material und Werkzeug vermitteln, aber nicht weiterhelfen, wenn man sich über den Charakter des zu bauenden Bootes nicht recht klar ist.

Als die amerikanische Flugzeugindustrie nach dem Krieg neue Märkte suchte, kamen ***Aluminiumcanadier*** auf, die aufgrund der industriellen Massenproduktion billig, einigermaßen leicht und förmlich unzerstörbar waren. Sie bestehen aus zwei Hälften, die an der Kiellinie zusammengenietet sind und haben deshalb grundsätzlich eine mehr oder weniger ausgeprägte Kielnaht. Da die Herstellung der Produktionsform sehr teuer ist, werden ausschließlich symmetrische Boote aus zwei identischen Formteilen gebaut, die allen Einsatzzwecken gleichzeitig dienen sollen. Bei Steinkontakt haben Aluminiumboote den Nachteil, dass sie einen Höllenlärm verursachen und das Material an den Steinen förmlich kleben bleibt. Beulen lassen sich mit einem Gummihammer ausbeulen. Dass diese Boote bei Sonneneinstrahlung so heiß werden, dass Spiegeleier auf ihnen gebraten werden können, ist ein Mythos. Aber am Boden hat das Material stets die Temperatur des darunter fließenden Wassers. Es empfiehlt sich deshalb bei kaltem Wasser den Bootsboden mit Isoliermatten auszulegen.

Eines meiner ersten Boote war so ein Alucanadier und ich habe ihn geliebt. Aber je versierter ich im Umgang mit diesen Booten wurde, desto seltener kam er zum Einsatz. Schließlich habe ich ihn – nachdem er jahrelang im Freien lagerte – gründlich geputzt und zu einem für mich sehr vorteilhaften Preis wieder verkauft. Er war nach all den Jahren immer noch neuwertig.

Mein allererstes Boot war aus ***Fiberglas*** (GFK). Diese Boote sind einigermaßen leicht, lassen sich – wenn sie Macken bekommen (und die kriegen sie unweigerlich) – gut reparieren und sind in allen Formvarianten zu bekommen. Fiberglasboote aus Mattenmaterial (bei dem die Fasern wild durcheinander in alle Richtungen weisen) sollten gemieden werden. Sie enthalten enorm viel Harzmasse und sind deshalb schwer. Werden diese Boote jedoch aus Gewebebahnen im Vakuum-Verfahren hergestellt (ggf. unter Einlaminierung verstärkender Kevlar- oder Carbonschichten), können erstaunlich leichte und hochstabile Boote in vielfältigen Formvarianten hergestellt werden. Diese Boote werden auf der Außenseite mit einer glatten Gelcoatschicht versehen, die das Gleitverhalten verbessert, aber sonst keinen weiteren Zweck hat. Diese Schicht sollte so dünn wie möglich sein, da sie – zu dick aufgetragen – dazu neigt, Risse zu bilden, in die Wasser eindringt, das allmählich das Material zersetzt. Zudem erhöht die Gelcoatschicht das Bootsgewicht nicht unbeträchtlich. Reine Fiberglas-Boote sind vor allem für das Paddeln auf Seen und auf großen Flüssen und Strömen geeignet, in denen mit keinem Grundkontakt gerechnet werden muss.

Kunststoffkonstruktionen haben sich im modernen Bootsbau durchgesetzt. Es gibt sie in unterschiedlichsten Qualitäten – die preisgünstigsten müssen nicht die schlechtesten sein.

Bild: Wolfgang Hölbling

Kevlar/Carbon-Boote unterscheiden sich von den Glasfiberbooten im Wesentlichen nur durch das gewählte noch leichtere und noch stabilere Gewebematerial. Sie benötigen – wenn sie in einem Vakuumverfahren in Negativformen gebaut werden – kein Gelcoat, da die Harzschicht auf der Außenseite die Poren des Gewebes zu einer glatten durchscheinenden Fläche ausfüllt. Auf der Innenseite zeichnet sich die Struktur der Gewebematten ab, was Rückschlüsse auf die Akkuratesse der Verarbeitung ermöglicht. Früher wurden für diese Konstruktionsweise fast ausschließlich Polyesterharze verwendet. Inzwischen wird das in der Verarbeitung anspruchvollere, aber haltbarere und festere Epoxydharz immer häufiger genutzt. Oft haben diese Boote verstärkende Rippen auf der Innenseite, in denen sich Schaumstreifen verbergen, so dass diese Rippen gewissermaßen Tunnel bilden. Diese Highend-Boote, bei denen häufig auch auf eine schützende Farbschicht verzichtet wird, sollten während der Lagerung vor direktem Sonnenlicht geschützt werden, da die UV-Strahlung sich negativ auf die Haltbarkeit der verwendeten Harze und Fasern auswirkt.

PE-Boote sind schwer und gelten als unzerstörbar. Dass die Unzerstörbarkeit dieses oft dreischichtigen PE-Materials ein Werbemythos der Hersteller ist, beweist der Besuch bei einem beliebigen Bootsverleih. Die dort häufig verwendeten Tandemcanadier haben vielfach entsetzliche Verformungen im Unterschiff (eingewölbte Kiellinien, tiefe Beulen...) und sind übelst zerkratzt. Wer privat so ein Boot besitzt, mag damit schonender umgehen. Wer es nicht tragen muss, sondern es in Wassernähe oder sogar im Wasser dümpelnd am Steg lagert, kann viel Freude damit haben. Die Form der meisten PE-Canadier, die ich bisher gesehen habe, war plump und auf „Anfangsstabilität" hin optimiert. So haltbar so ein Boot sein mag. Mit steigenden Anforderungen kann es – ähnlich wie ein konventionelles Aluboot – nicht mithalten.

Verbeulte **Verleihboote** entlarven selbst vermeintlich „unzerstörbare" Materialien als durchaus unzulänglich. Manchmal sind die scheinbar fragileren Materialien besser geeignet für den Einsatz im Verleih.

Im Wildwasserbereich bürgern sich zunehmend mehr hochwertige PE-Boote ein, deren homogener Materialaufbau sich von dem der Tandem-Verleihboote grundlegend unterscheidet. Letztere bestehen aus mehreren Sandwichschichten, während die Wildwasserboote – ähnlich wie viele Kajaks – in Rotationsformen aus PE-Granulat geformt werden.

Seit den 70er/80er Jahren des vorigen Jahrhunderts sind ***Royalex-Boote*** populär, die aus einem beidseitig mit ABS-Kunststoff beschichteten PUR-Hartschaummaterial hergestellt werden. Diese Boote sind vergleichsweise leicht, äußerst strapazierfähig, in ihrer Formgebung hoch variabel (wenn auf scharf ausgeformte Bug- und Hecklinien verzichtet werden kann) und sie haben erstaunliche Gleiteigenschaften, wenn es doch einmal zu Grund- und Steinkontakten im Wildwasser kommt. Das Material wird in großen Platten zu den Bootsherstellern[8] geliefert und in Vakuumformen unter Hitze (bei der die mittlere Schicht aufschäumt) und Druck in eine Bootsform gebracht, an die es sich gewissermaßen erinnert. Wenn so ein Boot etwas eingebeult wird, formt es sich (vor allem dann, wenn die eingedellte Stelle behutsam erhitzt wird) annähernd in seine Ausgangsform zurück. Sollten doch einmal Löcher und Risse (vor allem an Bug und Heck) entstehen, können diese mit Laminatfasermaterialien (hier ist das besonders schlagzähe Aramidgewebe zu bevorzugen) und Epoxydharz unter Zusatz geringer Mengen von Weichmachern geschlossen werden. Dazu muss die Deckschicht allerdings stark angeraut werden. Auch Royalexboote sollten nicht dauerhaft dem Sonnenlicht ausgesetzt werden, da das Material – vor allem die innere Schaumschicht – UV-empfindlich ist.

Zahlreiche neue Materialien für **Boote mit Festrumpf** mit ähnlich guten oder angeblich besseren Eigenschaften (tatsächlich manchmal aber auch schlechteren) werden im Bootsbau eingeführt und es ist damit zu rechnen, dass sich das eine oder andere Material langfristig etabliert. Die bislang aufgezählten sind jedoch die, die noch am häufigsten angeboten werden und auf die man beim Gebrauchtbootkauf stößt.

Aufblasbare Canadier, Luftkammerboote, sind relativ klein verpack- und transportierbar. Das ist ihr erster Vorteil. Aufgeblasen bilden sie im Wasser formvariable, wenig richtungsstabile Polsterlandschaften, die allenfalls im Wildwas-

---

[8] Einzelne der kleineren Bootsfirmen lassen ihre Bootsrümpfe bei einem zentralen Hersteller, der über die erforderlichen Pressen und Öfen verfügt, auf „ihrer“ Form produzieren. Der Ausbau und die Ausstattung werden dann wieder von der Bootsfirma übernommen.

ser eine gewisse Daseinsberechtigung finden, wenn sie von weniger versierten oder auch einfach nur vorsichtigen Paddlern benutzt werden und diesen bei Steinkontakten als Airbag dienen. Auf stehenden Gewässern damit zu paddeln ist eine Zumutung, da sie auf mühsam über den breiten Bootsrand ausgeführte Paddelmanöver nicht oder nur sehr verzögert reagieren. Für ein gepflegtes Mittagsschläfchen am Ufer bilden sie ein komfortables Polster. Das ist ihr zweiter Vorteil.

Luftboote sind sehr gemütlich – zum Schlafen!

Faltcanadier werden aus Gewebeplanenmaterial vergleichbar mit LKW-Planen hergestellt und haben ein stützendes Gerippe aus Aluminiumrohren (oder auch mal aus Holz). Zwischen Gerippe und Plane sind bei vielen Modellen aufblasbare Luftkammern oder Schaummatten eingefügt. Diese filigran erscheinenden Boote sind erstaunlich formstabil und halten allerhand rauen Umgang aus. Sie lassen sich aber trotz durchdachtester Bauweise selten in der vom Hersteller angegebenen Zeit auf- und abbauen. Faltcanadier sind – wenn der Werbung für sie Glauben geschenkt wird – dafür prädestiniert, auf Paddelexpeditonen in entlegenen Gebieten eingesetzt zu werden. Etwa wenn sich das Expeditionsteam über der Tundra Sibiriens an Fallschirmen aus dem Flugzeug stürzt. Oder auch für Menschen, die ihr Boot einfach nur platzsparend in einem Regal oder im Auto verstauen wollen, oder bei Gelegenheit mit öffentlichen Verkehrsmitteln zur Einsatzstelle fahren. Verpackt bildet so ein Boot allerdings immer noch ganz beachtliches Bündel, dessen Lagerung und Transport doch mit einigem Aufwand verbunden sind. Die Fahreigenschaften der Boote auf dem Wasser sind notgedrungen etwas weniger klar definiert als bei Festrumpfbooten. Die minimalen (im Wildwasser manchmal auch ganz beachtlichen) Verformungen aufgrund von Strömungen und Gewichtsverlagerungen lassen die Fahrcharakteristik der Boote gewissermaßen etwas „schwammig“ erscheinen. Von Befürwortern der Boote werden diese Verformungen gerne als Vorteil dargestellt. Luftkammerbooten sind diese Faltcanadier allemal vorzuziehen.

1.3 Solo oder Tandem?

Immer häufiger sind **Soloboote** anzutreffen. Die Wildwasserboote fangen bei einer Länge von etwa 10 Fuß (3 Meter) an – unter 11-12 Fuß sind sie aber für Anfänger gänzlich ungeeignet. Flachwassersoloboote messen zwischen 13/14 (weniger als 4 m) und 17 Fuß (ca. 5,20 m). Als Grundregel gilt etwas vereinfachend „Länge läuft“, d.h. wer mit seinem Boot Strecken zurücklegen will, sollte ein etwas längeres Boot wählen. Das setzt aber auch voraus, dass man konditionell in der Lage ist, die hohe Geschwindigkeit zu halten, bei der das lange Boot seine leichtgängige Fahrcharakteristik hält.

Soloboote haben Vorteile für Individualisten und Teams, aber sie sind oft langsamer unterwegs als die Tandemvarianten.

Fortwährend bilden hierzulande Familien- oder **Tandemcanadier** den Großteil der verkauften Boote. In der Regel werden Canadier erworben, die von ihren Ausmaßen her die Länge einer herkömmlichen Garage nicht überschreiten. Bei diesen, nicht einmal fünf Meter langen 16-Fuß-Booten fängt die Tandem-Klasse aber gerade erst an. Sie sind für zwei Personen mit wenig Gepäck geeignet. Sind die Bordwände weit genug hochgezogen, wie beim Klassiker „Prospector“, können mehr Gepäck oder ein, zwei kleine Kinder mitgenommen werden. Richtige Reisecanadier beginnen im 17 Fuß-Bereich und überschreiten damit die garagentauglichen fünf Meter schon um knapp 20 cm. Wer sich für so ein Boot entscheidet – und es gibt gute Gründe dafür –, sollte sich vor dem Kauf

Tandemboote, die gerade mal in die Garage passen, sind zu kurz für längere Gepäcktouren.

Gedanken über die Lagerung machen. Eventuell passt das Boot diagonal an die Garagendecke. Wenn nicht, verfügt vielleicht der örtliche Kanuklub über ein eigenes Bootshaus.

Bild: Michael Börner

Die Entscheidung zwischen Soloboot oder Tandemcanadier fällt nicht immer leicht. Bei Fahrrädern ist der Kauf des Tandems ja der Sonderfall, bei Canadiern ist das genau anders herum. Dabei kann überlegt werden, ob das Paddeln zweier Soloboote der Paarbeziehung nicht zuträglicher sein kann als fast zwanghaft und aus lauter Konvention ein Paddelpaar in einem Boot zu bilden.[9] Auch wenn das „in einem Boot sitzen" sprichwörtlich positiv belegt ist, kann das „in einem Canadier sitzen" in erstaunlich vielen Situationen höchst unharmonische Ausprägungen annehmen.

Vielfach werden in guter Absicht Tandemcanadier als Familienboote angeschafft, mit denen nach einigen gemeinsamen Touren und dem einen oder anderen Konflikt später vereinsamte Paddelenthusiasten solo unterwegs sind. Wer sich gleich von Anfang an einen Solocanadier anschafft, setzt sich demgegenüber möglicherweise heftiger Kritik meist von Ehegattinnen und – seltener – -gatten, oft aber auch von anfangs begeisterten Kindern aus. Nicht selten ist der Ablauf so, dass zunächst das Familienboot angeschafft wird, zu dem

---

9 Tandemcanadier haben im englischen Sprachraum den zynischen Spitznamen „divorce-boats", in hiesigen Canadierkreisen nennt man sie auch „Beziehungskiste".

sich später das Soloboot hinzugesellt. Wem es gelingt, beim gemeinsam genutzten Tandemboot zu bleiben, ist zu beglückwünschen. Wer dann doch das Soloboot kauft, ist auch nicht so schlecht dran. Solopaddeln kann ebenso viel Spaß machen wie gemeinsames Paddeln. Für das Erlernen von Paddeltechniken kann Solopaddeln sogar günstiger sein (darauf komme ich auf S.83 zurück).

1.4 Der Kauf eines Bootes

Der **Bootskauf** sollte keine Glückssache sein. Händler- und Herstelleranpreisungen sollten überprüft werden können. Ratschläge erfahrener Paddler sind dann hilfreich, wenn sie nicht nur ihr eigenes Boot anpreisen.

Für jeden Canadierkauf gilt: Vor dem Kauf sollte das Boot sowohl leer als auch mit der vollen vorgesehenen Besatzung und ggf. Gepäck ausprobiert und geprüft werden. Einschränkend muss aber gleich festgehalten werden, dass man als Anfänger nur ansatzweise das Fahrverhalten eines Bootes einschätzen kann. Die notwendige Sensibilität entwickelt sich erst mit der Zeit. Deshalb warne ich davor, sich von einer anfänglichen Kippeligkeit gleich abschrecken zu lassen. Das anfangs kippelige Boot ist möglicherweise dasjenige, dass sich nur unter einigen Anstrengungen zum Kentern bringen lässt, während das vermeintlich Vertrauen erweckend „wie ein Brett" auf dem Wasser liegende Boot ab einer gewissen Schräglage, durch Querströmungen oder durch zappelige Kinder urplötzlich zum Umkippen gebracht werden kann. Das Bootetesten kann Spaß machen und darf auch gerne zu einer spritzigen Badeveranstaltung werden.

Beim Kauf neuer Boote sollte so ein Test selbstverständlich sein. Händler, die diesen Test nicht ermöglichen, sollten kein Geld mit Booten verdienen. Vielfach erfordert diese Grundhaltung aber auch die Bereitschaft, dem Händler, der den Bootstest ermöglicht, einen etwas höheren Preis für das Boot zu bezahlen als dem „Bootsdiscounter". Aber das setzt eine konsumethisch/-moralische Haltung voraus, die viel Selbstdisziplin – bis hin zum gelegentlichen Konsumverzicht – erfordert.

Beim Kauf gebrauchter Boote sind die Bedingungen häufig weniger günstig. Dennoch bin ich ein Verfechter des Gebrauchtbootkaufs. Ein einziges Mal habe ich mir ein neues Boot gekauft und musste feststellen, dass ich bei diesem Boot die ersten Steinkontakte und daraus resultierenden Macken ungleich schmerzhafter empfunden habe als bei den ohnehin schon etwas vernarbten und geschundenen, günstig erworbenen gebrauchten Booten. Auch das notwendige Anpassen des Bootes an meine individuellen Bedürfnisse fällt mir bei einem gebrauchten Boot, das vielleicht schon die eine oder andere Änderung erlebt hat, viel leichter als bei einem nagelneuen, das den stets täuschenden Eindruck erweckt, vom Hersteller fix und gebrauchsfertig ausgestattet worden zu sein.

Im Idealfall kann das Boot, das in der engeren Wahl ist, zunächst Probe gefahren oder vielleicht sogar für einen Tag entliehen und gründlich getestet werden. Dieser Idealfall ist aber eine Seltenheit. Häufig findet sich eine Verkaufsanzeige für ein geeignet scheinendes Boot in einigen hundert Kilometern Entfernung und die Entscheidung, dorthin zu fahren und es anzusehen, kommt fast schon einer Kaufentscheidung gleich.

Diese Kaufentscheidung trifft sich umso leichter, wenn der Bootstyp bekannt ist. Deshalb sollte man sich frühzeitig (z.B. durch das Testen der verschiedenen Privat- und Klubboote im Verein oder bei Canadiertreffen) mit unterschiedlichen Bootstypen und Konstruktionsweisen vertraut machen, damit so eine Gelegenheit nicht ungenutzt vorüberzieht. Der Markt ist hierzulande doch recht klein und ein einmal angebotenes günstiges Boot kann schnell verkauft sein. Zu teuer angebotene Boote sind Ladenhüter und es lohnt sich manchmal, auf den entsprechenden Internetseiten nach alten unbeantworteten Verkaufsanzeigen zu suchen und Kontakt mit dem Verkäufer aufzunehmen. Mit etwas Glück ist er inzwischen so mürbe, dass der Preis des lange gelagerten und inzwischen verstaubten Bootes mit ein wenig Verhandlungsgeschick nach unten korrigiert werden kann.

1.5 Die Ausstattung eines Canadiers

Canadier werden nur vermeintlich einsatzfertig gekauft. Sobald jemand ein eigenes Boot hat, sollte er oder sie es auf seine Bedürfnisse und Maße anpassen. Die Ausstattung des Bootes muss sich nach demjenigen richten, der es paddelt. Das gilt in besonderem Maße für Boote, die im Wildwasser eingesetzt werden. Wenn der Kontakt zum Boot locker ist, lassen sich Gewichtsverlagerungen nicht zielgerichtet auf das Boot übertragen und Paddelschläge werden ineffizient.

Ein neues oder auch gebrauchtes Boot muss **den eigenen Bedürfnissen angepasst** werden.

Deshalb werden im Folgenden die wesentlichen Bestandteile von Booten beschrieben, die durch Änderungen, Umplatzierungen oder Austausch die Eigenschaften des Bootes verbessern oder dessen Nutzungskomfort steigern.

1.5.1 Süllrand und Endkappen

Alle offenen Boote haben einen Süllrand. Das sind die Leisten, die den oberen Abschluss des Rumpfs bilden und an denen häufig die Sitze und die Duchten (Querstreben/"Thwarts") befestigt sind. Kunststoffsüllränder (in denen sich häufig noch eine Aluschiene verbirgt) gelten als pflegeleicht (und sehen schnell schäbig aus). Holzsüllränder sind pflegeleicht – vor allem wenn sie nicht lackiert, sondern eingeölt wurden. Sie müssen nur ein-, zweimal im Jahr leicht angeschliffen und neu eingeölt werden. Lackierte Holzsüllränder sind unüblich. Sie bekommen Macken, in die Wasser eindringt, das dann unter den Lack kriecht und nicht mehr entweichen kann. Es ist wichtig, dass das Wasser, das in das Boot gelangt ist (durch Spritzer, nasse Schuhe, Regen, Kenterungen), beim Umdrehen des Bootes am Ufer oder während der Lagerung kieloben restlos ablaufen kann. Das ist bei den Kunststoff- und Aluminiumsüllrändern häufig konstruktionsbedingt verunmöglicht, es bleibt stets ein kleiner Rest zurück. Holzsüllränder haben – wenn sie vernünftig angefertigt wurden – Ablaufschlitze an der Innenseite der Bootswand, aus denen das Wasser heraus rinnt. Ganz entsetzlich verhalten sich in dieser Hinsicht GfK-Boote, die einen nach innen eingewölbten Süllrand haben. Aus ihnen sollte stets das Restwasser vor dem Einlagern mit Hilfe eines Schwamms herausgewischt werden.

An den Enden ist der Übergang von Süllrändern zur Bootsspitze meist mit einer Endkappe abgedeckt. Dieses kleine Deck kann, wenn aus ihm im umgedrehten Zustand kein Wasser ablaufen kann, erstaunliche Mengen Wasser zurückhalten, die beim Kieloben-Einlagern des Bootes darin bleiben und vor sich hin gammeln. Beim gelegentlichen Entleeren am Ufer bleibt dieses Wasser natürlich auch im Boot zurück und schwappt nach dem Umdrehen in die Ausgangsposition zurück in den Rumpf. An der Spitze jeder Endkappe sollte sich also eine kleine Bohrung befinden (wenn sie nicht da ist, sollte sie vorgenommen werden), damit das Wasser aus dem umgedrehten Boot restlos abfließen kann.

1.5.2 „Duchten“

Bei den meisten Booten bestehen die **Querstreben** („Thwarts“) aus Eschenholz – Aluminiumrohr kommt ebenfalls zum Einsatz.

Im Englischen heißen die Querstreben „Thwarts“. Ein Tandemcanadier sollte im Regelfall fünf Stück davon haben – jeweils zwei ganz kurze dicht an den Spitzen, die als Tragegriffe dienen, je eine hinter dem vorderen Sitz und eine weit genug vor dem hinteren Sitz sowie eine in der Mitte. Diese mittlere Querstrebe ist häufig als ***Tragejoch*** („carrying-yoke“) ausgeformt und sollte dann so montiert sein, dass das Boot beim Tragen auf den Schultern leicht hecklastig bleibt. Nichts ist mühsamer als den Bug beim Portagieren ständig hochzudrücken. Viel einfacher ist es, während des Tragens mit den Händen am Süllrand stets ein wenig zu ziehen, damit das Boot waagerecht bleibt. Eine Positionierung des Tragejochs genau in der Mitte führt zu ständigen Schwankbewegungen, die dauernd durch Drücken oder Ziehen ausgeglichen werden müssen. Das erschwert das Tragen unnötig. Oft reicht schon der Umstand, dass der Hecksitz ein wenig weiter außen angebracht ist als der Bugsitz, damit das Boot für den Tragebetrieb in der beschriebenen Weise „getrimmt“ ist. Andernfalls kann das Tragejoch anders herum montiert werden. Wer meint, dass das daraus resultierende Rückwärts-Tragen dem Karma des Bootes nicht zuträglich ist, kann aber auch beim Tragen die Paddel so einbinden, dass der Trimm wieder stimmt.

Anstelle eines Tragejochs können auch Schulterpolster auf die mittlere Querstrebe aufmontiert werden. Mit ihrer Hilfe lassen sich Boote ebenfalls sehr komfortabel tragen. Sie können aber beim Aufladen des Bootes aufs Auto oder bei Bergemanövern („Boot-über-Boot") im Weg sein.

Bild: Jan Dettmer/Heinz Götze

1.5.3 Sitze

Die Sitze im Canadier sind in der Regel fest eingebaut. Das ist – vor allem bei Tandem-Booten – falsch. Klar müssen die Sitze fest im Boot sitzen, damit sie beim Transport des Bootes oder bei Kenterungen nicht herausfallen. Aber sie sollten im Idealfall in Längsrichtung verstellbar sein (mindestens der vordere Sitz), damit Gewichtsunterschiede der Besatzung oder gegenüber dem Gepäck ausgeglichen werden können. Zusätzlich sollten sie in ihrer Neigung verstellbar sein, damit sie sowohl als reguläre Sitze als auch als Gesäßstütze beim Knien verwendet werden können. Beim Tandemcanadier, der auch mal solo in Gegenrichtung gepaddelt wird, sollte der vordere Sitz auch in die Gegenrichtung geneigt werden können.

Ein und dasselbe Bootsmodell kann von unterschiedlichen Paddlern, die unterschiedliche Schwerpunkte in ihrem Paddelverhalten setzen, mit ganz verschiedenen Sitzpositionen ausgestattet sein.

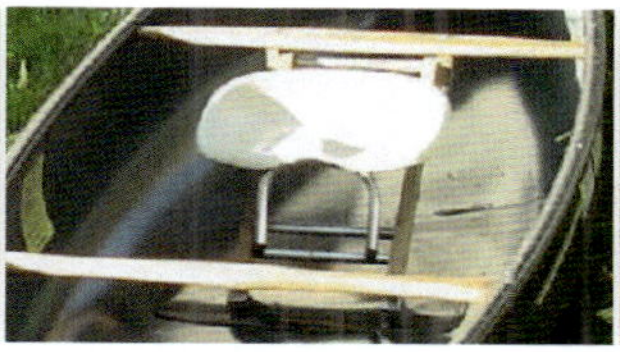

Bei Reisecanadiern sind die Sitze so weit wie möglich voneinander entfernt angebracht, damit die Paddler dicht am Bootsrand sitzen und effizient paddeln können. Bei eher wildwasserorientierten, traditionellen Tandembooten werden sie näher zur Mitte gerückt, damit Bug und Heck in hohen Wellen leichter aufschwimmen und dort Auftriebskörper eingebunden werden können.

Fest eingebaute **Sitze** müssen notfalls gelöst und an anderer Stelle – im besten Fall justierbar – wieder eingebaut werden. Fast immer ist ihre Neigung so zu korrigieren, damit das Boot im Knien gepaddelt werden kann.

Im Tandemcanadier kann auch fürs Solo-Paddeln ein Kneeling Thwart eingebaut werden, das dann die vor dem Hecksitz liegende Ducht ersetzt. So eine Sitzstrebe ist ein wenig niedriger in den Rumpf eingefügt als eine reguläre Ducht. Es handelt sich um eine etwas breitere abgehängte Leiste, die leicht nach vorne geneigt ist, damit beim Knien das Gesäß auf ihr abgestützt werden kann. Etwas seitlich darauf „sitzkniend“ kann selbst ein großes Boot in leicht aufgekantetem Zustand erstaunlich leicht solo dirigiert werden.

Wildwasserboote haben häufig gar keine Sitzbänke, sondern einen Sitzblock aus geschlossenporigem Schaummaterial, auf dem das Gesäß ruht, während der Paddler im Boot kniet und sich mit Schenkelriemen im Boot festzurrt. Damit wird das Boot gewissermaßen zum festen Bestandteil des Unterleibs. Der Paddler gurtet sich im Boot kniend mit den Riemen fest und kann dann über Gewichtsverlagerungen mittels Druck und Zug der Schenkel das Boot fein dosiert neigen. Anders als traditionelle Tandemcanadier mit Wildwasseroutfitting, deren Sitzbänke beide näher an die Bootsmitte gerückt sind, haben Tandem-Wildwasserboote einen langen Sitzblock oder zwei Einzelsitze, auf denen die Paddler relativ dicht beieinander sitzen.

Der **Einbau eines Sitzblocks** und die Installation von Schenkelriemen kann aus so manchem Tourencanadier ein brauchbares Wildwasserboot machen.

Fürs Knien werden in Canadiern zusätzlich Kniepolster eingeklebt, die möglichst so ausgeformt sein sollten, dass das Knie in ihnen Halt findet. Einfache Schaumplatten erfüllen nur einen kleinen Teil der Aufgaben, die ein Kniepolster hat.

Kniepolster, die lediglich aus klein geschnittenen und eingeklebten Matten bestehen, erfüllen ihren Zweck nur unzureichend.

Die seitlichen Wülste konturierter Kniepolster ermöglichen einen viel besseren Kontakt zum Boot und erleichtern das Aufkanten mittels Gewichtsverlagerung. Damit ist die Knieposition jedoch fest definiert. Wer mehr Bewegungsspielraum haben will, sollte eine großflächige Matte einlegen, die auch bei Nässe auf dem Bootsboden haftet und auf der die Knie nicht zu sehr rutschen. Die Matten, die für diesen Zweck im Kanuhandel zu erwerben sind, haben häufig die gleichen Vor- und Nachteile wie die Improvisationslösungen aus zurechtgeschnittenen geschlossenporigen Isoliermatten aus dem Campingbedarf.

1.5.4 Sicherheitsausstattung

Boote, die in wilderem Wasser unterwegs sind, brauchen früher (präventiv) oder später (wenn die ersten Macken zu tief geworden sind) einen ***Rammschutz*** („skid plates“) an Bug und Heck. Das Boot stößt mit dem Bug gelegentlich auf Felsen im Wasser und bekommt beim Anlanden auf Kiesbänken und steinigen Uferabschnitten den einen oder anderen Rempler ab. Aber auch der Rammschutz am Heck erfüllt seinen Zweck: Wenn das Boot zum Beispiel über eine flache Kante rutscht, bekommt das Heck oft noch mal einen Stoß, weil es tiefer einsinkt als der breite Mittelteil des Bootes und deshalb auf dem flachen Grund oder der Abbruchkante aufsetzt. Aus diesem Grund sollte der hintere Rammschutz ein ganzes Stück am Kiel des Bootes entlang zur Bootsmitte hin geführt werden.

Jeder Canadier sollte an Bug und Heck eine ***Leine*** („painter“) haben. Die Leinen meiner Tourenboote entsprechen in etwa der Länge des Bootes. Es wird davor gewarnt, so lange Leinen zu wählen, weil sie sich im Fall einer Kenterung eventuell miteinander verknoten und damit eine Schlinge bilden könnten, die wiederum an einem Hindernis hängen bleiben oder sich – im schlimmsten Fall – um die Beine des schwimmenden Paddler wickeln kann. In der Praxis ist so eine Verkettung unglücklicher Umstände doch wenig wahrscheinlich und der Vorteil längerer Bootsleinen wiegt meines Erachtens schwerer. Bei Wildwasserbooten dagegen haben sich kürzere Leinen tatsächlich bewährt.

Bootsleinen müssen auf der Wasseroberfläche schwimmen und deutlich sichtbar sein.

Der Befestigungspunkt der Leinen ist immer (mit wenigen Ausnahmen) zu hoch. Die Leinen sollten eigentlich durch eine Öse direkt an der Wasserlinie geführt werden, damit ein Boot, das vom Ufer aus an der Leine geführt wird, nicht durch seitliche Zugbewegungen zum Kentern gebracht wird. Diese niedrige Befestigung kann aber im Paddelbetrieb hinderlich sein, so dass diese Ösen im Idealfall zusätzlich zur herkömmlichen Befestigung der Bootsleinen installiert werden sollten. Wie jede Umbaumaßnahme am Boot kostet es allerhand Überwindung, ein so großes, durchgehendes Loch in den Rumpf zu bohren. Weiterhin muss es natürlich ggf. mit einem Röhrchen und Dichtungsmaterial gegen eindringendes Wasser geschützt werden. Alternativ kann diese Befestigung für das Treideln („lining“[10]) auch durch ein „Y“-förmig geknotetes Seil ersetzt werden.

Bild: Gerhard Lotze

Auftriebskörper sind luftgefüllt oder ausgeschäumt. Jedes Boot braucht so viel Auftrieb, dass es in gekentertem Zustand nicht sinkt. Wildwasserboote brauchen noch mehr, damit sie weit aufschwimmen.

Boote, die in gekentertem Zustand voller Wasser untergehen würden, brauchen auf alle Fälle ***Auftriebskörper***. Diese sind in der Regel in Bug und Heck fest eingebaut und sollten eine Inspektionsöffnung oder zumindest einen Ablassstopfen haben, damit doch eingedrungenes Wasser abgelassen werden kann. Boote, die im Wildwasser eingesetzt werden, sollten groß dimensionierte aufblasbare oder schaumgefüllte („buoyancy-blocks“) zusätzliche Auftriebskörper haben (Soloboote vorn und hinten, Tandemboote auch in der Mitte – das ist dann ein ‚Centerbag’).

Sie sorgen dafür, dass gar nicht erst so viel Wasser im Boot hin und her dümpeln kann, wenn das Boot, z.B. durch hohe spritzende Wellen stoßend, unweigerlich immer wieder etwas Wasser aufnimmt. Je mehr Wasser im Rumpf hin und her

[10] Zum Treideln folgt ab Seite 95 ein kleines Sonderkapitel.

schwappt, desto weniger manövrierfähig wird das Boot. Kommt es zu einer Kenterung, sorgen die Auftriebskörper dafür, dass das Boot auch kieloben weit über der Wasseroberfläche aufschwimmt und leicht geborgen werden kann. Versierte Wildwasserpaddler sind in der Lage, mit einem gut gefitteten Wildwassercanadier mit prallen Luftsäcken eine Eskimorolle auszuführen.

Auftriebskörper müssen im Boot befestigt werden. Hierfür werden Schnürungen von Süllrand zu Süllrand eingezogen. Bei PE- und Royalexbooten kann einfach knapp unter dem Süllrand eine Reihe von Löchern gebohrt werden, durch die die Schnüre gezogen werden können („lash-points"). Häufig werden jedoch an der Innenseite der Süllränder Befestigungsösen angebracht, durch die eine Schnürung geführt wird.

Ein stabiler Längsriemen, der an der Bootsspitze innen und im Rumpf an einem eingeklebten D-Ring befestigt ist, verhindert, dass schwallartig eindringendes Wasser den Luftsack unter der Schnürung heraus spült.

1.6 Die Ausrüstung

Diverse Artikel müssen beschafft werden, bevor an ernsthaftes Canadierpaddeln zu denken ist. Bevor die Ausrüstung jedoch komplett ist, wird ja häufig doch schon einmal gepaddelt. Das sollte man sich gut überlegen. Ohne Paddel geht aber nicht einmal das. Deshalb fange ich damit erst einmal an.

1.6.1 Stechpaddel

Mit dem Boot allein ist es nicht getan – naheliegenderweise muss auch ein **Paddel** her. Beim Paddel allein kann es aber nicht bleiben.

Paddel sind essentiell fürs Paddeln. Paddel haben sich – wie viele Handwerkzeuge – über Jahrtausende entwickelt und es wurden zahlreiche Sonderformen für besondere Einsatzzwecke ausgebildet. Deshalb lassen sich über Paddel und ihre Form, Länge und Materialien ganze Bücher schreiben. Hier folgen darum nur ein paar grundlegende Hinweise zu den Hauptcharakteristika von Canadier-Paddeln.

Zu beobachten ist, dass Paddel häufig viel zu lang sind, weil vielfach die irrige Vorstellung in den Köpfen herumgeistert, dass ein langes Paddel viel Hebelkraft entwickelt. Dass beim Paddeln zunächst gar keine Hebelkräfte wirken (mit Ausnahme des Heckhebels), ist deshalb erst einmal nüchtern festzuhalten und dass lange Paddel unhandlicher sind als kurze, leuchtet unter diesem Blickwinkel vielleicht auch ein.

Die ***Länge des Paddels*** ist abhängig von der Länge des Paddelschafts, da ja Paddelblätter je nach Form unterschiedliche Längen haben. Die richtige Länge des Schafts wird gegenwärtig gerne darüber bestimmt, dass man das Paddel sitzend mit dem Griff vor sich zwischen den Beinen auf die Sitzfläche absenkt. Der Ansatz des Paddelblatts (der Hals) sollte sich dann ungefähr in Stirnhöhe befinden. Viel genauer und praxisgerechter ist natürlich der Test des Paddels im eigenen Boot, da die Sitzposition des Paddelnden ja höchst individuell sein kann.[11] Hier gilt die Faustregel, dass der Paddelgriff sich bei ganz eingetauchtem Blatt auf Nasen- oder Augenhöhe des Paddler befinden muss.

Für das Tandempaddeln ist im Heck ein etwas längeres Paddel zu wählen, damit die Steuerschläge am Ende des Grundschlags wirkungsvoller sind.

Die Wahl des **Paddelmaterials** erfordert ein Abwägen zwischen Festigkeitsanforderungen, Gewicht und ästhetischen Gesichtspunkten.

Paddelmaterialien: Paddel aus Holz sind angenehm anzufassen und warm, aber etwas schwer. Wer mit Grundberührungen rechnen muss – und die sind beim Canadierpaddeln fast immer zu erwarten, es sei denn es wird ausschließlich auf großen Seen gepaddelt – sollte ein Holzpaddel mit einer (ggf. umlaufenden) Harzkante oder auch einem eingeleimten (notfalls auch aufgenieteten) Aluminiumblech wählen. Sie schützen das Paddel vor Macken und Absplitterungen.

Es gibt leichte Holzpaddel mit Karbonblatt und Paddel mit Karbonschaft, die ein zähes, faserverstärktes Thermoplast-Blatt haben. Reine Karbonpaddel sind (selbst mit Aluminiumkante) extrem leicht und vor allem steif. Sie sind aber auch extrem teuer.

Im unteren Preissegment bewegen sich Paddel mit Aluminiumschaft und Kunststoffblatt. Sie sind oft noch schwerer als Holzpaddel. Dafür sind sie billiger und halten in ungepflegtem Zustand länger. Es gibt welche mit teilbarem Schaft, die für die Funktion eines klein verpackbaren Ersatzpaddels prädestiniert sind.

Die Vielfalt unterschiedlicher Paddelversionen ist etwas verwirrend. Wer in dieser Hinsicht hinreichend experimentierfreudig ist, kann ein Vermögen in unterschiedlichste Paddel für unterschiedlichste Ansprüche investieren.

Ein Paddel sollte so leicht wie möglich und so schwer wie nötig sein. Angesichts der zahllosen Paddelschläge, die während einer Paddeltour ausgeführt werden, hat sein Gewicht erheblichen Einfluss auf den Spaß, den das Paddeln mit sich

[11] Die Sitzhöhe wird von den individuellen Körperproportionen und der Höhe der montierten Sitze bestimmt.

bringt. Schwere Paddel sind auf Dauer eine Plage. Gleichzeitig geben Paddel, die unterwegs abbrechen oder deren Griff sich löst, Anlass zu Verzweiflung und bilden ein erhebliches Sicherheitsrisiko. Deshalb müssen Paddel bei aller Gewichtsersparnis stabil sein.

Ein **Ersatzpaddel** sollte fast immer im Boot sein.

Aufgrund des Risikos eines Bruchs oder Verlusts sollte man immer, wenn man sein Boot weiter bewegt als man es tragen könnte/würde, ein ***Ersatzpaddel*** im Boot mitführen, damit man auch dann weiterkommt, wenn ein Paddel kaputt geht oder abhanden kommt (in Folge von Kenterungen sind an der Wasseroberfläche treibende Paddel nahezu unsichtbar). Das Ersatzpaddel muss ja kein state-of-the-art High-Tech-Paddel sein. Ein einigermaßen leicht zu verstauendes Paddel – eventuell mit teilbarem Aluminiumschaft – erfüllt diesen Zweck. Es sollte im Boot befestigt werden – dann kann es bei einer Kenterung nicht wegtreiben und bei Portagen bleibt es einfach im Boot.

Die **Form des Paddelblatts** und die des Griffs folgen Erfordernissen des befahrenen Gewässers oder Paddelstils.

Die ***Form des Paddelblatts*** hängt ab vom Charakter des Gewässers, das befahren wird. Mit dem Kauf eines Standardpaddels mit einem mittelgroßen Blatt kann man erst einmal wenig falsch machen. Diese Paddel sind gegen Grundberührungen entweder durch eine anlaminierte Leiste oder ganz grundsätzlich durch die Widerstandskraft des für sie verwendeten Materials geschützt. Erst im Laufe der Zeit entwickelt sich ein Gespür dafür, welche Sonderformen von Paddeln den eigenen Anforderungen besser gerecht werden können.

Auf tiefen, ruhigen Gewässern können z.B. Otter- bzw. Beavertailpaddel eingesetzt werden, die ausschließlich aus Holz (traditionell einem durchgehenden Stück) bestehen. Diese haben ein langes, schmales, tief ins Wasser ragendes Blatt und werden vielfach im Wasser parallel zum Boot wieder nach vorne gezogen („Indian-stroke“). Diese Paddel sind in gewissem Maß biegbar und federn bei jedem Paddelschlag ein wenig. Mit ihnen lassen sich entspannt und lautlos ruhige Gewässer abpaddeln. Dabei können recht erstaunliche Geschwindigkeiten erreicht werden. Für komplexe Manöver mit schnellen Kurskorrekturen sind sie wenig geeignet.

Paddel mit diesem Einsatzspektrum (ruhige bis mäßig bewegte Gewässer) haben in der Regel einen Palm-Griff, der für die vielen auch seitlichen Abrollbewegungen der Griffhand optimal geformt ist. Nicht selten haben Palm-Griffe an Standardpaddeln asymmetrisch ausgeformte Einbuchtungen beim Übergang zum Schaft. Wenn die Paddel tatsächlich im Wasser zurückgeführt werden, erweisen sich diese einseitigen Einbuchtungen als unpraktisch, da das Paddel bei jedem Paddelschlag nur zu 180° um seine Längsachse gedreht wird. Wird das Paddel aber stets über Wasser wieder nach vorne geführt, ermöglicht die Einbuchtung, in der der Handballen ruht, ein längeres Abrollen.

Der Paddelgriff sollte gut in der Hand liegen. Deshalb gilt auch hier, dass aktives Ausprobieren auf dem Wasser erforderlich ist.

Dabei sollte man sich bewusst machen, dass am Ende eines Paddelschlags nur noch sehr wenig Vortriebsenergie erzeugt wird. Zum Ausgleich dieser Ineffizienz gegen Ende des Paddelschlags wurden Bentshaft-Paddel entwickelt, die ebenfalls auf stehenden Gewässern eingesetzt werden. Sie haben ein kurzes kleines Blatt, welches vom Schaft leicht abgewinkelt ist, um länger besseren Vortrieb zu gewährleisten. Diese Paddel werden häufig in der „sit'n'switch"-Technik in schnellen Intervallen ohne große Steuerschläge und mit regelmäßigem Seitenwechsel benutzt.

In etwas heftigeren Fließgewässern bis hin zum Wildwasser benutzt man gerade Paddel mit einem mittelgroßen Blatt. Sie sind an der Blattunterkante oder auch umlaufend solide verstärkt, damit gelegentlicher unvermeidlicher Steinkontakt das Paddel nicht vorschnell beschädigt. Solche Wildwasserpaddel haben einen T-Griff, der eine konstante Kontrolle über den Winkel des Blattes im Wasser ermöglicht, aber runde geschmeidige Abrollbewegungen (z.B. beim J-Schlag) erschwert. Wildwasserpaddel sind überwiegend steif und fest, damit kein Federn oder Flattern den Paddelschlag verunsichert.

Die ***Größe des Paddelblatts*** orientiert sich am Einsatzzweck. Paddel, die nur kurzzeitig und dann mit größtmöglicher Effizienz eingesetzt werden, haben tendenziell ein größeres Blatt als Paddel, die für lange ausgedehnte Touren oder gar Marathonfahrten eingesetzt werden sollen. Viele Paddler wählen zu große Paddelblätter, die zu vorschnellem Ermüden führen. Kleine Paddelblätter begünstigen ermüdungsfreies Paddeln und schnelle Manöver, machen aber auch einen etwas höheren Paddeltakt erforderlich. Vielfach ist zu beobachten, dass erfahrene Paddler an ihren Paddeln etwas Fläche wegnehmen (indem die Paddel z.B. am Rand schmaler geschnitten werden, weil die Stoßkante sich nicht so leicht bearbeiten lässt).

Ein **großes Paddelblatt** sorgt für viel Vortrieb – und für die frühzeitige Ermüdung des Paddlers.

Ich halte es für ratsam, von vornherein kein zu großes Paddelblatt zu wählen, damit das Paddeln nicht zu ermüdend wird. Die Anzahl der Paddelschläge, die bei einer Tour mit dem Canadier auszuführen sind, lässt sich ja kaum beziffern, ist aber beträchtlich.

Nicht selten beschäftigen sich Paddler in der Freizeit, in der sie nicht paddelnd auf dem Wasser sind, mit der Anfertigung von Paddeln. Das ist ein außerordentlich befriedigendes Hobby, auch wenn der Umstand, dass mit Fertigstellung jedes neuen Paddels schon Pläne für ein oder zwei verbesserte Versionen im Kopf der werkelnden Personen reifen, bedenklich stimmen sollte. Auch der Bau von Paddeln beinhaltet Suchtpotential.

1.6.2 Schwimmweste

Auf jedem Gewässer sollte eine ***Schwimmweste*** getragen werden. Die Schwimmweste muss passen und die richtige Bewegungsfreiheit für typische Paddelbewegungen ermöglichen (Körperrotation, Armbewegungen). Deshalb sind ohnmachtssichere Schwimmwesten mit ausgepolstertem Kragen, wie sie – vor allem für Kinder und Jugendliche – im Segelsport Verwendung finden, im Canadier wenig geeignet (allenfalls für kleine Kinder). Moderne Paddel-Schwimmwesten sind mit einem Riemensystem versehen, das unterschiedliche Einstellmöglichkeiten vorsieht. Frauen haben anatomisch bedingt andere Anforderungen an die Passform von Schwimmwesten als Männer. Also müssen die Westen anprobiert werden und möglichst in Paddelposition mit Paddelbewegungen getestet werden. Ungeeignete Westen haben so einen kleinen Armausschnitt, dass sie beim Paddeln unter den Armen scheuern, andere sind zu lang geschnitten und sitzen beim Knien im Boot auf den Oberschenkeln auf. Wieder andere lassen sich so schlecht einstellen, dass sie selbst in fest verzurrtem Zustand weit nach oben hinaufgezogen werden können. Der sogenannte „Ohrentest“ ist obligatorisch: Lassen sich die Schulterriemen der Weste in fest angepasstem Zustand (am besten von einer helfenden Person) immer noch bis zu den Ohren ziehen, taugt sie nichts. Das Auftriebsmaterial in den Westen dient zusätzlich als Prallschutz in felsdurchsetzten Gewässern.

Schwimmwesten müssen einer Reihe von Mindeststandards entsprechen – es gibt einige, die fürs Canadierpaddeln überhaupt nichts taugen.

Es gibt ***Schlupfwesten***, die etwas mühsam über den Kopf gezogen werden – an ihnen sind nach dem Anziehen lediglich die Riemen zu justieren. Dann gibt es ***Reißverschlusswesten***, die wie eine Jacke an- und ausgezogen werden. Bei ihnen müssen die Riemen ähnlich mühsam vor dem Festzurren eingefädelt werden.

Eine sichere Weste hat mindestens einen umlaufenden Bauchgurt mit Panikauslösung, an dem – auf dem Rücken – ein Bergungsgurt befestigt werden kann. Sollte es im Lauf der Bergung zu Problemen kommen (das Bergeseil verklemmt sich irgendwo oder man wird vom Bergeseil zu einem Holzverhau hin gezogen) kann über den Panikverschluss der Bergegurt ausgelöst werden, so dass sich der Gurt nach hinten aus der Weste löst.

Des Weiteren verfügt eine gute Weste über Schultergurte, die bis an den unteren Rand der Weste und in Schlaufen um den oder die Brustgurte herumgeführt werden. Im Fall einer Bergung kann der Retter so den Schultergurt packen und daran die schwimmende Person aus dem Wasser ziehen. Westen ohne diese Riemen finden beim Tourenpaddeln Einsatz. Aber auch dort erleichtern Riemen im Notfall eine Bergung.

Eine Brusttasche an der Schwimmweste ist für den (wasserdichten) Fotoapparat, Müsliriegel und den Autoschlüssel, aber auch für ein Rettungsmesser hilfreich. Eine zusätzliche Tasche auf dem Rücken ist wünschenswert und sollte groß genug für die Unterbringung eines kleinen Wurfsacks sein. An der Weste sollten Befestigungsmöglichkeiten für das Messer und eine Signalpfeife sein. Beides sollte dann aber auch so befestigt werden, dass keine Schnüre oder Riemen lose herumhängen, an denen man sich verfangen kann.

Viele Westen haben einen Befestigungs-D-Ring auf der Brust, der von Anfang an scheinbar kaputt ist. Deshalb habe ich meinen „kaputten" D-Ring auch gleich nach dem Kauf erst einmal weggeworfen und mich anschließend bei meinen Paddelfreunden empört über den kaputten D-Ring ausgelassen, nur um belehrt zu werden, dass der D-Ring zum Einhängen eines Karabiners, an dem ein Bergegurt („Cowtail") angebracht ist, dient, der im Notfall blitzschnell gelöst werden muss. Er wird einfach aus dem D-Ring herausgerissen, der zu diesem Zweck schon eine Sollbruchstelle eingefügt bekommen hat. Er war also gar nicht kaputt, sondern hatte die hierfür vorgesehene Öffnung. Ich habe den „kaputten" D-Ring gerade noch rechtzeitig aus dem Müll geklaubt und ihn an seinem angestammten Platz erneut angebracht. Manche Westen haben statt des D-Rings auch eine Klettbandschlaufe.

Die ideale Weste gibt es nicht. Aber es lohnt sich, etwas wählerisch zu sein und so wenig Kompromisse wie möglich zu machen. Damit die Schwimmweste einem das Leben beim

Paddeln nicht schwer macht, sondern es im Notfall retten kann.

1.6.3 Wurfsack

Der bei den Schwimmwesten schon erwähnte ***Wurfsack*** gehört zur Sicherheitsausrüstung und sollte auch bei Landgängen zur Besichtigung von Stromschnellen stets mitgenommen werden, denn just dann, wenn ein gefährlicher Abschnitt besichtigt wird, kommt möglicherweise irgendein verwegener oder ahnungsloser Paddler die Stromschnelle ohne Besichtigung heruntergepoltert, kentert und muss gerettet werden. Oder jemand aus der besichtigenden Gruppe lehnt sich zu weit vor und rutscht ins strömende Wasser.

Bilder: Klemens Domogalla (l.), Gerhard Lotze (r.)

In einer perfekten Paddelwelt werden stets zwei Wurfsäcke mitgeführt: ein großer im Boot und ein kleiner in der Rückentasche der Schwimmweste. Mit dem Wurfsack werden Personen und Material geborgen. Dazu wird der Wurfsack zielgenau zu der schwimmenden Person geworfen, wobei der Werfende das Ende des Seils fest in der Hand behält. Das muss geübt werden, denn ein Sack, aus dem sich eine lange Leine herausfädelt, hat ein ganz anderes Flugverhalten als z.B. ein nasses Stoffbündel. Um die Wurfgenauigkeit zu erhöhen, kann – wenn Zeit dazu ist – der Sack kurz ins Wasser getaucht werden. Das höhere Gewicht stabilisiert den Wurf. Deshalb befestige ich bei Wildwasserfahrten meinen Wurfsack mit einem Gummiband vor mir auf dem Bootsboden. So wird er zwangsläufig vom Bilgenwasser getränkt und ist stets gleich zur Hand.

Ein **Wurfsack** gehört bei jeder Fahrt ins Boot – beim Aussteigen am Ufer sollte ein Wurfsack mitgenommen werden.

Ein Wurfsack besteht aus einer festen Textilhülle, die so wenig wasserdurchlässig ist, dass sie sich über ihre obere Öffnung schnell mit Wasser befüllen lässt, um nach einem Fehlwurf einen weiteren gezielten Wurf damit ausführen zu können. In der Hülle befindet sich in gepacktem Zustand die Wurfleine, die an der Wasseroberfläche schwimmen muss und einen Durchmesser von mindestens 8 mm und eine klar erkennbare Signalfarbe haben sollte. Dann lässt sie sich besser greifen und hat genug Festigkeit, um einen schwimmenden Menschen und/oder ein Boot zu bergen. Sie ist mit einem Griff am unteren, geschlossenen Ende des Sacks fest verbunden und so systematisch in kurzen Schlaufen in den Sack gestopft, dass sie sich beim Wurf widerstandslos aus dem Sack herauslöst.

Die Meinungen gehen auseinander, ob an den Enden des Seils Knoten oder gar Karabiner sein dürfen. Die Befürworter von Karabinern heben hervor, dass diese die Bergung von Personen und Material erleichtern. Die Gegner raten ab, da beim Wurf jemand den Karabiner an den Kopf bekommen kann und weil selbst kleine Knoten sich – wird das Seil von der rettenden Person in einer Notsituation während der Bergung losgelassen – in Felsspalten verfangen können und so die zu bergende Person im Wasser treibend festhalten. Das passiert jedoch nur dann, wenn die zu rettende Person das Seil z.B. mit einem Karabiner in einen Riemen der Weste einklinkt, was möglichst vermieden werden sollte.

Wurftechnik: Der Wurf darf erst erfolgen, wenn die schwimmende Person auf die werfende Person aufmerksam gemacht wurde. Ein Wurfsack, der vor oder hinter der zu rettenden Person ins Wasser fällt, ohne dass diese davon weiß, treibt wirkungslos nebenher, bis das Ende der Leine erreicht ist und er zum Ufer schwenkt. Die werfende Person muss einen sicheren Stand einnehmen, denn nicht selten wird der Retter selbst ins Wasser gezogen, wenn die zu rettende Person das Seil gepackt hat und von der Strömung weiter den Fluss hinab getrieben wird. Wenn mehrere Personen am Ufer sind, sollte der Werfer von hinten an den Gurten seiner Schwimmweste festgehalten werden. Der Wurf wird gewöhnlich von unten nach oben ausgeführt. Es kommt vor, dass der Werfende das Seilende nicht sichert. Das Seil sollte zur Sicherung beim Wurf über den Rücken des Werfenden auf die gegenüber dem Wurfarm liegende Seite nach vorne geführt werden, wo es mit der anderen Hand fest gehalten wird.

Wenn ein Wurf danebengeht, muss das Seil schnell aber systematisch in lockeren Schlaufen aufgenommen werden. Dann wird der (ggf. mit Wasser gefüllte) Sack erneut geworfen.

Das Wurfsackseil dient zusätzlich (in Verbindung mit Umlenkrollen) zur Bootsbergung oder beim Zelten als Wäscheleine – es wäre wenig praxisgerecht, das vielfältig nutzbare Seil stets in seinem Sack zu behalten. Deshalb muss es aber auch immer wieder überprüft werden und bei erkennbaren auch leichten Abschürfungen einem weniger sicherheitsrelevanten Verwendungszweck zugeführt werden.

1.6.4 Helm

Wassersporthelme sind mit wasserabweisendem Material ausgepolstert. Manche haben Abflusslöcher. Zunehmend häufiger werden glatte, geschlossene Wildwasserhelme angeboten, weil es schon vorgekommen ist, dass ein Zweig oder Ast der Ufervegetation genau in eins der Abflusslöcher hinein geraten ist. Das kann sehr schmerzhaft sein.

Im Wildwasser oder auch beim Poling (dazu mehr auf Seite 89) ist ein Helm erforderlich, denn über und unter Wasser lauern Felsen, die das Wildwasser ja gerade so wild machen, aber gleichzeitig zu der einen oder anderen Kenterung beitragen. Kommt es zu Felskontakten des Kopfes, ist letzterer zwangsläufig der schwächere Part. Es kommt auch vor, dass das Paddel unerwarteten Kontakt mit dicht unter dem Wasser

Wer je in felsdurchsetzten Flussbetten geschwommen ist weiß, wie wichtig ein passender **Helm und gute Schutzkleidung** sein können.

liegenden Felsen bekommt und wenn der Paddelschaft in dem Moment gerade auf den Paddler gerichtet ist (ein Fehler, der mit der richtigen Paddeltechnik vermieden werden kann), kann er einen kräftigen Schlag abbekommen. Trifft der Schlag den Kopf, können daraus Verletzungen oder eine kurzzeitige Benommenheit resultieren. Beides wird durch einen Helm vermieden.

Lässige Halbschalenhelme sind luftig und leicht, bieten aber keine Schutz vor Verletzungen der Ohren und des Schläfenbereichs, die beim Wildwasserpaddeln doch auch gelegentlich vorkommen. Deshalb sind Helme zu bevorzugen, die über die Ohren ragende Schutzpolster und/oder -bügel haben. Manche Paddler tragen inzwischen schon Integralhelme, die das Kinn und Teile des Gesichts zusätzlich schützen.

Bild: Klemens Domogalla

1.6.5 Kennzeichnung der Ausrüstung

Generell sollte die gesamte Ausrüstung gekennzeichnet sein. Ein kleiner Aufkleber mit Name, Adresse, Telefonnummer und E-Mail-Adresse ist schnell befestigt (und ggf. mit einer transparenten Klebefolie gegen Wasser und Abrieb geschützt). Kommt es einmal zu einer Kenterung, bei der Material verloren geht, bietet sich so dem ehrlichen Finder die Chance, sich mit dem Besitzer in Verbindung zu setzen. In Vereinsbootshäusern entsteht immer mal wieder Verwirrung, wenn Material durcheinander kommt und es seinen Besitzern nicht zugeordnet werden kann. Die unzweideutige Kennzeichnung von Ausrüstungsgegenständen löst auch dieses Problem.

Alles was wegschwimmen oder im Bootshaus verräumt werden könnte, benötigt eine klar erkennbare **Eigentümerkennzeichnung** – nur so hat man eine Chance, die Ausrüstung wieder zu bekommen.

1.6.6 Kleidung

So schwer das manchem Traditionalisten oder Wildwestromantiker fällt, so sollte man sich doch von der Einstellung verabschieden, dass Canadierpaddeln untrennbar mit karierten Baumwollhemden, Jeans und Schlapphut oder Biberfellmütze und befranster Lederjacke verbunden ist. Tatsächlich ist es häufig sinnvoll, moderne ***Funktionsbekleidung*** aus Kunstfasern zu tragen. Diese Kleidung transportiert Schweiß weg vom Körper, trocknet schnell und isoliert – ist sie doch einmal nass geworden – in feuchtem Zustand deutlich besser als Baumwolle.

Schlapphut und kariertes Hemd bilden das Klischee, sind aber wenig zweckmäßig – es gibt praktischere Kleidung beim Paddeln.

Generell gilt, dass Paddler sich nicht für die sie umgebenden Lufttemperaturen und Wetterverhältnisse kleiden sollen, sondern für die Temperatur des Wassers, auf dem sie unterwegs sind. Deshalb sind in der kälteren Jahreszeit geeignete Neopren- oder sogar Trockenanzüge zu tragen und im Sommer solche Kleidung, die auch mal ein gelegentliches Bad verträgt.

Dieser Merksatz sollte auf kleinen vertrauten Gewässern sicher nicht überstrapaziert werden. So reicht häufig das Mitführen einer Garnitur trockener Kleidung (mit Schuhen!) in einem wasserdichten Behältnis aus, um für den Fall der Fälle gerüstet zu sein. Aber bei niedrigen Temperaturen, auf

Wildwasser bzw. großen Wasserflächen ist Kälteschutzkleidung unabdingbar.

In unseren Breiten gibt es – anders als im Herkunftsland der Canadier – keine Jahreszeit, in der nicht gepaddelt werden könnte. Selbst im Winter frieren die Gewässer allenfalls für wenige Tage zu. An denen müssen selbst notorische Paddler dann doch einmal aussetzen (es sei denn, sie benutzen Eispickel oder missbrauchen ihr Boot als Eisbrecher – dazu mehr auf Seite 96).

Schuhe sind ein besonders häufig diskutiertes Thema. Da anspruchsvolles Canadierpaddeln ausschließlich kniend möglich und sinnvoll ist, müssen Schuhe so beweglich sein, dass die Füße in ihnen überstreckt werden können. Gleichzeitig muss die Sohle der Schuhe so fest sein, dass sie auf glitschigen Ufern Halt gibt und längeren, teils unwegsamen Portagen standhält. Die Schuhe sollten hoch und wasserdicht genug sein, damit bei gelegentlichem Waten im Uferbereich oder an seichten Stellen kein Wasser eindringt, sie aber beim unverhofften Schwimmen nicht vollaufen und wie Treibanker wirken. Im Winter sollen sie zudem die auf dem kalten Bootsboden ruhenden Füße warm halten. Unterschiedlich große Neoprenstiefel oder -mukluks können diese Anforderungen ansatzweise erfüllen – die kleinen im Sommer und die großen – mit dicken Socken – im Winter. Nicht geeignet sind Gummistiefel und nur wenig geeignet sind die im Sommer beliebten Sandalen, mit deren Riemen und vorstehenden Sohlen man sich allzu leicht in Leinen oder unter Bootssitzen verfängt. Auch von pantoffelartigen Kunststofflatschen, die sich beim Waten im Wasser vom Fuß lösen und in der Strömung ihrer Wege schwimmen, muss abgeraten werden. Zu viele von diesen grellbunten Tretern dümpeln in Kehrwässern und liegen am Rand von Gewässern.

1.6.7 Transportbehältnisse

Das Mitführen von Gepäck oder Ersatzkleidung kann nur in Behältnissen erfolgen, die einer Kenterung oder zumindest dem einen oder anderen Wasserschwall standhalten. Hierfür gibt es unterschiedliche Möglichkeiten.

Oft werden z.B. ***Gepäcktonnen*** aus Kunststoff verwendet, die mit einem Schraubdeckel oder einem Klemmring fest verschlossen werden. Sie sind als „Maischetonnen" erstaunlich billig, aber lassen sich besonders schlecht in Booten verankern und drohen bei einer Kenterung stets herausgeschwemmt und davongetrieben zu werden. An meine Tonnen habe ich seitlich große Griffe angeschraubt. Die Schrauben gehen durch das Tonnenmaterial hindurch in ein an die Innenrundung der Tonne angepasstes Holzstück. Zwischen die Tonne und das Holz habe ich eine weiche Gummischicht gelegt, damit dort kein (oder „wenig") Wasser eindringt. Die Griffe erleichtern Befestigung und Transport der Tonnen sehr – ein mühsames Geschäft bleibt es trotzdem. Mir sind die Tonnen immer wieder ein wenig peinlich – ich komme mir mit ihnen im Boot vor wie ein Giftmülltransporter.

Rollsäcke aus wasserdichtem PVC-Material setzen sich immer mehr durch und erfüllen in der Regel ihren Zweck. Selbst der beste und faltenfrei ausgeführte Rollverschluss ist auf Dauer nicht völlig wasserdicht. Werden die Säcke länger von Wasser umströmt, dringt es auch irgendwann ein. Einer der Nachteile von Rollsäcken ist auch, dass sie häufig ausschließlich den Rollverschluss als Handgriff und Befestigungsmöglichkeit haben – so können maximal zwei davon getragen werden.

Es gibt wasserdichte ***Koffer***, die erschreckend teuer sind. Sie sind sinnvoll für das kleine Gepäck, die teure Kamera und als Erste Hilfe-Koffer. Sie sind sogar luftdicht und haben eine Entlüftungsschraube, mit deren Hilfe sie, z.B. nach einem Flug und den dadurch auftretenden Druckunterschieden, geänderten Luftdruckbedingungen angepasst und geöffnet werden können.

Tonnen, Säcke, Koffer und Packs müssen im Boot gut befestigt werden können und sie sollten leicht zu tragen sein.

Traditionalisten schwören auf voluminöse ***Canoe-Packs*** aus fester Baumwolle. Diese haben eine „Tumpline“, einen Riemen, der an zwei Stellen oben am Sack befestigt ist und der – in der richtigen Position über die Stirn an den Haaransatz gelegt – das Tragen selbst schwerster Lasten sehr erleichtern kann. Diese Canoe-Packs haben den Vorteil, dass sich in ihnen enorm viel Ausrüstung in einem großen Paket bündeln lässt und dass sie sich der Bootsrundung anpassen. Ihr Nachteil ist, dass sie innen mit wasserfesten Tüten ausgekleidet werden müssen und sich außen mit Bilgenwasser vollsaugen, wenn sie unmittelbar auf dem Bootsboden liegen. Sie trocknen zwar schnell, aber bei Portagen bekommt man leicht einen nassen Rücken, wenn man sie vorher falsch herum ins Boot gelegt hat.

Für die Küchenausrüstung sind ***Wanigans***, feste Bootskisten, populär, die an die Bootsform angepasst sein können oder aber auch aus rechteckigen, spritzwasserdicht zusammengefügten Brettern in Kistenform bestehen. Sie sind oftmals handwerkliche Kunstwerke mit durchdachter Inneneinteilung mit Halterungen für Utensilien und Kocher. Sie dienen – sind sie nicht im Boot – oft als Einrichtungsgegenstand im Zelt und machen sich zwischen den Paddeltouren auch gut als Mobiliar und Ausstattungsstatement im Wohnzimmer des Paddelenthusiasten.

Bild: Jan Dettmer/Heinz Götze

Für das Gepäck sollten ebenfalls **Befestigungspunkte** vorgesehen sein. Häufig wird es gerade mal an den Querstreben („thwarts“) festgebunden. Dann hängt es aber im Fall einer Kenterung aus dem Bootskörper heraus ins tiefe Wasser und kann an Hindernissen unter Wasser hängen bleiben. Um dies zu verhindern, haben sich auf den Bootsboden geklebte ***D-Ringe*** bewährt. An ihnen wird das Gepäck so verzurrt, dass es auch beim kieloben schwimmenden Boot nicht über den Süllrand hinaus ragt.

Die richtige **Befestigung von Gepäck** erfordert fast immer Veränderungen am Boot.

Die Meinungen über die ordnungsgemäße Gepäckbefestigung gehen weit auseinander. Einige vertreten die Ansicht, dass es überhaupt nicht befestigt werden soll, damit es im Fall einer Kenterung die Bootsbergung nicht behindert. Es soll eben schwimmfähig verpackt werden und kann dann ja flussabwärts wieder aufgesammelt werden (wenn man es dann auch wirklich wieder findet). Andere vertreten die Ansicht, dass das Gepäck an einer langen Leine verschnürt so befestigt werden sollte, dass es aus dem gekenterten Boot heraus geschwemmt, aber damit verbunden bleibt. Das mag auf Seen gut sein. Was aber wenn das Boot auf einem Fluss rechts am Felsen im Fluss vorbei treibt und das mit langer Leine verbundene Gepäck links? Am sinnvollsten auf Flüssen erscheint mir eine feste Befestigung an den D-Ringen am Bootsboden bzw. so unter den Querstreben, dass das Gepäck dann, wenn das Boot kieloben schwimmt, nicht über den Süllrand hinausragt.

2 Paddeltechniken

Auch wenn Paddeltechniken am besten unmittelbar auf dem Wasser erlernt werden sollten – von kompetenten Mitpaddlern demonstriert oder im Rahmen eines Paddelkurses – werden auf den nächsten Seiten einige Grundtechniken erläutert. Dabei kommen wohlklingende Namen der einzelnen Techniken zur Sprache. Davon gibt es inzwischen zu viele (für die gleiche Sache). Vor allem dort, wo sie einigermaßen unmissverständlich sind („J-Schlag", „Ziehschlag", „Bogenschlag", etc.) werden sie in den Text einbezogen.

Wer im Sitzen paddelt hat erheblich weniger Kontakt zum Boot als jemand, der kniet.

Die **Sitze und Kniepolster** sollten für beide Sitzvarianten eingerichtet sein.

Kniend Paddeln! Im Canadier zu sitzen ist ein naheliegender Gedanke. Wer jedoch ernsthaft Canadierpaddeln lernen will, gewöhnt sich am Besten von voneherein an, sich in das Boot hinein zu knien. Das Gesäß ruht dabei auf der Sitzkante oder auf dem schräg gestellten Sitz und die Knie werden breit auf den (an diesen Stellen mit Kniepolstern ausgestatteten) Bootsboden abgesetzt. Es ist wenig sinnvoll, solche Kniepolster zu verwenden, die mit Riemen an den Knien festgemacht werden, denn die Knie sollen ja einen möglichst festen Bootskontakt haben. Diesen Kontakt können sie nur bekommen, wenn sie sich in die

Beuge von Bootswand und Bootsboden einschmiegen. Gute eingeklebte Kniepolster haben einen seitlichen Wulst, der diese Position begünstigt und das Knie abstützt.

Paddelhaltung: Das Stechpaddel wird mit der oberen Hand auf dem Griff (sei es nun ein T-Griff oder ein balliger „Palm-Griff") und mit der unteren Hand am Schaft oberhalb des Blattansatzes gehalten. Die Hände sollten nicht viel mehr Abstand zueinander haben als die Schultern breit sind.

Die richtige Paddelseite: Im Laufe der Zeit entwickelt sich – vor allem bei denen, die häufiger solo paddeln – eine bevorzugte Paddelseite. Also die Seite, auf der sich eine größere Geschicklichkeit im Umgang mit dem Paddel entwickelt. Es gibt Rechtshänder, die links paddeln und solche, die eher rechts paddeln – offenbar gibt es keinen Zusammenhang mit der Schreibhand.

Mit der Zeit findet man heraus, **auf welcher Seite** man geschickter mit dem Paddel umgehen kann. Es schadet nicht, die andere auch gelegentlich zu benutzen.

Aber selbst wenn sich im Laufe der Zeit eine bevorzugte Paddelseite entwickelt, kann es nicht schaden, immer mal wieder auch auf der anderen Paddelseite zu paddeln. Besonders auf ruhigen Gewässerabschnitten ist es ratsam, gelegentlich auch auf die „schwache Seite" zu wechseln. Wird das Wasser turbulent, sollte mit dem Paddel rechtzeitig auf die Seite gewechselt werden, auf der mit mehr Geschick gepaddelt werden kann.

Haltungschäden entstehen durch das einseitige Paddeln nicht. Vor allem beim Solo- und Bugpaddeln wird mit ausgeprägter Körperrotation gepaddelt, so dass man keine Gefahr läuft, einen einseitigen Trainingseffekt zu bekommen.

2.1 Grundlagen des Paddelns im Tandem-Canadier

Manöver im Tandem-Canadier werden – meint man in der Regel – von den Handlungen dessen, der im Heck sitzt, bestimmt. Häufig ist das bei Paaren der Mann. Die Person im Heck leitet aus dieser Fehleinschätzung nicht selten für sich das Recht ab, die Richtung des Bootes zu bestimmen und Kommandos nach vorne abzugeben (was akustisch ebenfalls verführerisch leicht ist, da sie der vorderen Person zugewandt ist). Die aus dieser Konstellation häufig resultierenden Streitigkeiten überspringe ich besser – sie werden oft und gerne diskutiert.

Deshalb sei zunächst darauf hingewiesen, dass beim Tandempaddeln – wie in allen Paarsportarten – klare (und angemessen freundliche) Kommunikation der Dreh- und Angelpunkt gelingender Kooperation ist. Denn es ist nun mal so, dass die Person, die im Bug paddelt, viel früher Hindernisse wahrnimmt als die im Heck und dass ihre Handlungen – richtig ausgeführt - oftmals (vor allem in dringenden Manövriersituationen) viel richtungsbestimmender sind als die der Person im Heck.

Wird also aus dem Bug heraus ein Hindernis erkannt (z.B. ein Stein dicht unter der Wasseroberfläche), hat die Person im Bug die Aufgabe, trotz ihrer abgewandten Position verständlich nach hinten durchzugeben, wo das Hindernis liegt („Stein geradeaus!...“) und gleichzeitig ein Manöver einzuleiten, mit dessen Hilfe das Hindernis umfahren werden kann („...wir fahren links vorbei!“). Die Kommunikation nach hinten ist etwas schwierig (nicht zuletzt in rauschenden Flüssen), aber unbedingt erforderlich, damit sich die Person im Heck einen Reim auf die plötzlichen Manöver vom Bug her machen kann und durch Unterstützungsschläge die Richtungsänderung fördert, statt sie durch Korrekturschläge wirkungslos zu machen.

Wer **im Heck** paddelt orientiert sich am Rhythmus der Bugperson und macht Ausgleichsschläge, um den Kurs zu halten.

Im Allgemeinen konzentrieren sich die Aufgaben der Person, die im Heck paddelt, neben dem Vortrieb darauf, das Boot in der gewünschten Richtung zu halten. Dies gilt für das Gradeauspaddeln oder für sanfte Kurvenfahrten, bei denen aus dem Heck heraus immer wieder Ausgleichsschläge zur Beibehaltung des Kurses gemacht werden. Deshalb werden nachfolgend zunächst, und deutlich ausführlicher, die vielfach ungeahnt effektiven Möglichkeiten der Richtungsbestimmung durch die Person im Bug beschrieben.

2.1.1 Paddeltechniken im Bug

Der Grundschlag:

1. Eintauchen
2. Vortrieb
3. Gleitphase
4. Ausheben
5. Rückführen

Der Oberkörper dreht sich dabei so, dass die Kraft aus den Schultern und der Rückenmuskulatur kommt – die Arme bleiben fast völlig starr.

Sollen schnelle und genaue Manöver gefahren werden, geht das im Tandem-Canadier nicht ohne den aktiven Einsatz der Person im Bug. Die Person, die im Bug sitzt, hat über den Grundschlag (⓪) hinaus vier (① - ④) grundlegende Paddeltechniken zur Verfügung mit denen sie effektiv Kurskorrekturen einleiten und bestimmen kann.

⓪ Der **Grundschlag** im Bug besteht aus fünf Phasen. Phase 1: Zunächst wird das Paddel mit leicht vorgebeugtem Körper mit einigem Abstand vom Süllrand ins Wasser geführt. Das muss schnell gehen und möglichst so, dass sich keine Luftblasen um das Paddel herum bilden.[12] Die Bewegung des Bootes muss also einbezogen werden. Je schneller das Boot unterwegs ist, desto stärker muss der Bootsbewegung folgend das Paddel ins Wasser geführt werden, um dann – Phase 2 – wenn das Paddelblatt vollständig im Wasser ist – unmittelbar in einen druckvollen Paddelschlag überzugehen. Dieser wird parallel zur Kiellinie (nicht zum Süllrand) ausgeführt. Das

[12] Manche schwören darauf, das gerade Paddel seitlich von außen einzutauchen (nachdem sie es flach über das Wasser wieder nach vorne geführt haben), andere benutzen gekehlte Paddel, um sie direkt vertikal eintauchen zu können, ohne große Verwirbelungen und Luftblasen zu erzeugen.

Paddel kommt also während des Schlags nahe an den Süllrand heran und wird – Phase 3 – nicht erst, wenn es gegen das Boot klopft, sondern schon, nachdem es kurz hinter Kniehöhe angekommen ist, ohne Druck weiter nach hinten geführt. Dann wird es aus dem Wasser herausgezogen (Phase 4) – auch dies ohne viel Wasser zu verspritzen. Phase 5 besteht darin, das Paddel zügig flach über das Wasser wieder nach vorne zu bewegen.

Die Arme sind bei diesem Ablauf beide weitestgehend gestreckt und ein Großteil der Bewegung wird durch eine Schaukelbewegung der Schultern ausgeführt.[13] Beim Einstechen des Paddels ins Wasser (Phase 1) liegt die abgewandte Schulter etwas hinter der Schulter, die dem Paddel zugewandt ist – man „dreht den Körper auf“ und erzeugt Spannung, die sich beim Paddelschlag (Phase 2 + 3) entlädt. Der Grundgedanke muss sein, dass nicht das Paddel durchs Wasser gezogen wird, sondern dass das Paddel im Wasser verankert und das Boot am Paddel vorbei durchs Wasser gezogen wird. Natürlich ist beides in Bewegung, aber die Gedankenstütze hilft dabei, das Paddel fest zu verankern und die Arme einigermaßen gestreckt zu halten, damit die großen Muskelgruppen am Torso die Bewegung ausführen und nicht die vergleichsweise kleinen Muskeln in den Armen. Wenn der Grundschlag richtig ausgeführt wurde, befinden sich die Schultern am Ende des Schlags (Phase 4) diagonal zur Kiellinie des Bootes, die zu Anfang (Phase 1) weiter hinten platzierte abgewandte Schulter zeigt nun nach vorne. Diese ideale Körperrotation erreichen allerdings nur solche Paddler, die stets unter kontrollierten Bedingungen – möglichst angesichts eines kompetenten Lehrers oder unter Videobeobachtung – trainieren. Paddeln ohne Erreichen dieses Idealablaufs kann auch Spaß machen. Diesbezügliche Defizite ermöglichen eifrigen Instruktoren fortdauernd Korrekturen. „Achte auf Deine Körperrotation“ ist der meistausgesprochene Satz in Kursen.

Zu den **Skizzen**:

Die „Striche“ im Wasser symbolisieren die Bewegung des Paddelblatts, der kleine Pfeil dessen Richtung. Der Pfeil im Boot beschreibt die Richtung, die das Boot nimmt. Weitere Pfeile verdeutlichen die Strömung des Wassers.

Grundschlag

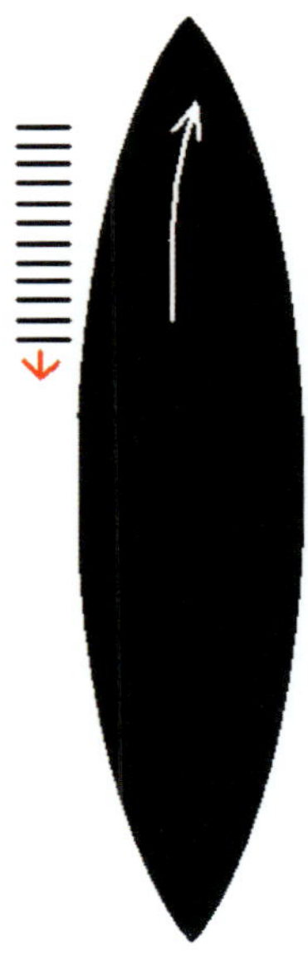

[13] Oftmals ist in diesem Zusammenhang von „Oberkörperrotation“ die Rede.

Bogenschlag und Ziehschlag werden eingesetzt, wenn das Boot wenig Fahrt hat oder parallel versetzt werden soll.

① + ② Bei wenig Fahrt können vom Bug aus mittels **Ziehschlag und Bogenschlag** auf der Seite, auf der die Bugperson paddelt, Kursmanöver betrieben werden. Der Ziehschlag zieht das Boot auf die Seite, auf der die Bugperson paddelt („Onside") und der Bogenschlag schiebt das Boot gewissermaßen auf die Seite, auf der im Bug kein Paddel im Wasser steckt („Offside").

Ziehschlag

Beim ***Ziehschlag*** lehnt sich die paddelnde Person mutig über den Rand des Bootes, sticht das Paddel parallel zur Kiellinie weit entfernt vom Boot ins Wasser. Dann zieht sie das Boot zum Paddel hin, während sie sich wieder aufrichtet. Weil in fast jedem anderen Fall die Regel gilt, das der Oberkörper aufrecht bleiben soll und weil niemand so mutig ist, das gleich so verwegen, wie es hier beschrieben ist, auszuführen, kann ich nur empfehlen, sich allmählich und in Absprache mit der Person im Heck an den Punkt heranzutasten, an dem sich das Boot durch den Ziehschlag nicht wieder aufrichten lässt – er liegt sehr weit entfernt vom Boot!

Bogenschlag

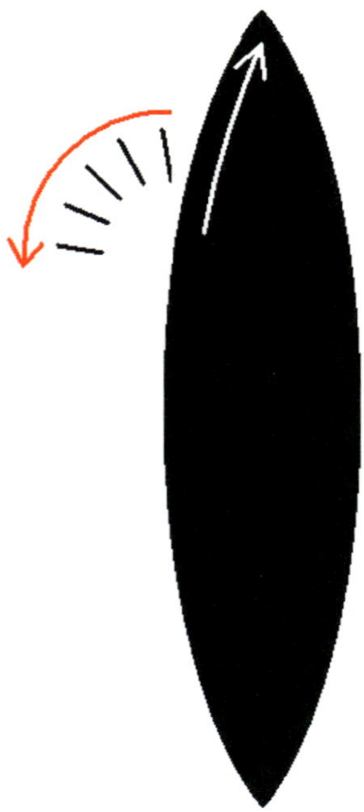

Der Ziehschlag entwickelt eine gewisse Bedeutung wenn er, *bei wenig Fahrt,* von beiden Paddlern auf einer Seite eingesetzt wird um das Boot seitlich zu versetzen oder, *bei mehr Fahrt,* in einen statischen Schlag übergeführt wird. Dem gegenüber verliert der anschließend zu schildernde Bogenschlag sehr an Bedeutung, je mehr Praxis der Bugpaddler entwickelt.

Der ***Bogenschlag*** erfordert weniger Mut. Bei ihm

wird das Paddel weit vorne dicht am Bug ins Wasser gesetzt und – wie der Name schon sagt – in einem weit ausholenden Bogen um die Person im Bug herum soweit geführt, bis ein 90°-Winkel zur Kiellinie erreicht ist (ab da zöge man das Boot wieder zur Paddelseite hin). Er bewirkt, dass das Boot eine Kurve zur paddelabgewandten Seite beschreibt.

Beide Schlagtechniken sollten auf stehenden Gewässern geübt werden, damit die Person im Bug lernt, dass sie sich z.B. beim Ziehschlag durchaus erstaunlich weit über den Süllrand des Bootes lehnen kann. Mit dem Ziehschlag fängt sie ja (in Form einer „Paddelstütze") jede einsetzende Neigung des Bootes wieder ab. Der Ziehschlag im Bug wird ja auch von einem Bogenschlag im Heck unterstützt, während der Bogenschlag im Bug von einem Heckpaddelschlag („Heckhebel" – darauf komme ich noch zurück) unterstützt wird, der vom Boot weg gerichtet ist. Diese Manöver werden bei Fahrten in schneller Strömung selten gebraucht und kaum in kritischen Situationen durchgeführt. Trotzdem sollten sie – z.B. mittels „Achten fahren" – eingeübt werden.

Befindet sich das Boot in Fahrt ist ein **statischer Paddelschlag**, bei dem das Paddel wie ein Ruder wirkt, viel kräfteschonender und effektiver.

Wenn das Boot Geschwindigkeit hat, kann viel kraftsparender und effizienter gelenkt werden, indem das Paddel vorne so im Wasser verankert wird, dass es wie ein Steuerruder gegen das anströmende Wasser gerichtet das Boot zur Seite zieht („Duffek"). Dieser „statische" Paddeleinsatz will geübt sein, da das Boot gleichzeitig geneigt (‚gekantet') werden muss.

Duffek

③ Auf der Seite, auf der im Bug gepaddelt wird („onside"), geht das noch einigermaßen leicht. Soll das Boot eine Kurve zur Paddelseite hin beschreiben, wird das Paddel mit ein wenig Abstand vom Boot zunächst parallel[14] zur Kiellinie ins

[14] Je mehr Übung die Person im Bug hat, desto mutiger wird sie das Paddel gleich im richtigen Winkel ins Wasser senken. Anfangs sollte jedoch das „Aufdrehen" des Paddels praktiziert werden, um sich der Strömungsbedingungen und -kräfte bewusst zu werden. In der Regel wird empfohlen, das Paddel dicht am Süllrand ins Wasser zu schieben. Ich neige dazu, es mit einigem Abstand vom Süllrand einzustecken, weil ich dann – wenn das Boot ‚aus dem Ruder' läuft oder wenn mein

Wasser gesteckt und langsam so nach vorne aufgedreht, dass zwischen Paddel und Boot ein Trichter entsteht. In diesem Moment kommt vom anströmenden Wasser her Druck auf das Paddel. Gelingt es, das Paddel fest in dieser Strömung zu halten (anfangs wird erfahrungsgemäß erst nachgegeben), beschreibt das Boot eine Kurve. Es sollte in Abhängigkeit von Kurvenradius, Fließgeschwindigkeit und Strömungsverhältnissen in die Kurve geneigt (gekantet) werden, damit es nicht in Beibehaltung seiner bisherigen Bewegungsrichtung der Schwerkraft folgend nach außen umkippt.

Das muss gemeinsam geübt und ausprobiert werden, damit die Neigung des Bootes nicht zu groß und nicht zu klein ist. In langsam fließendem Wasser gibt es einen breiten Sicherheitsbereich für die Bootsneigung. Je schneller das Wasser fließt, desto genauer muss die Bootsneigung auf die Strömungsverhältnisse angepasst werden. Sollte die Neigung des

---

Paddel auf einen Stein am Grund stößt und daran hängen bleibt – das Paddel noch aus dem Wasser bekomme. Damit laufe ich natürlich Gefahr, eigentlich so etwas wie einen Ziehschlag zu machen.

Bootes überhand nehmen, kann die Person im Bug die ihr abgewandte Seite des Paddelblatts aufs Wasser drücken, eine „Paddelstütze“ machen (siehe S.80), so dass sich das Boot wieder aufrichtet. Dabei muss sie aber schnell reagieren, da ja zunächst das senkrecht stehende Paddelblatt aus dem Wasser gezogen oder in einer geschmeidigen Bewegung in die Horizontale gebracht werden muss. Die Person im Heck kann die Neigung durch ihr im Wasser geführtes Paddel ebenfalls korrigieren, indem sie z.B. einen gegen die Bewegungsrichtung geführten gewissermaßen „abbremsenden“ Paddelschlag ausführt, um das geneigte Boot wieder aufzurichten. Dabei wird es allerdings stark abgebremst, was ja eigentlich vermieden werden sollte.

Bild: Klemens Domogalla

Ein **übergriffener Paddelschlag** (auf der Seite, auf der das Paddel eigentlich nicht eingesetzt wird) erfordert Übung – die lohnt sich allerdings!

④ Der gleiche Steuerschlag auf der von der üblichen Paddelseite abgewandten Seite ist ungleich komplexer und fordert mehr Überwindung. Gleichwohl gilt die Beherrschung dieser Technik als Schlüssel zu fortgeschrittenem Canadierpaddeln und ersetzt den wenig effektiven Bogenschlag. Um das Boot bei voller Fahrt auf die Seite, auf der im Bug nicht gepaddelt wird, zu lenken, muss die Person im Bug das Paddel (ohne die Position der Hände am Paddel zu ändern) über den Bug führen („Übergreifen“) und auf der Gegenseite („offside“) ebenfalls zunächst parallel zur Kiellinie tief ins Wasser stecken und dann nach vorne so aufdrehen, dass das anfließende Wasser gegen das Paddelblatt drückt (ein „Cross-Duffek“). Damit wird das Boot in die Kurve gezwungen. Da die Fliehkräfte auf einer Beibehaltung des Ursprungskurses beharren, muss die Masse des Bootes – also der Schwerpunkt – so gekippt werden, dass das Boot nicht in die bisherige Bewegungsrichtung umkippt. Es wird zur Paddelseite hin ‚gekantet'.

Das Boot muss also – fast wie ein Fahrrad – in die Kurve gelegt werden. Der Körper bleibt im Idealfall senkrecht zum Erdmittelpunkt. Dennoch wird es der Person im Bug dabei angst und bange, da sie sich der Wasseroberfläche bedenklich nähert, ohne eine Möglichkeit zu haben, im Falle eines Umkippens mit dem Paddel dagegen anstützen zu können. Das kann jedoch die Person im Heck wirkungsvoll verhindern, indem sie ihr Paddel, das sich ja auf der hierfür geneigten Seite befindet, flach aufs Wasser legt und im Falle eines Überkippens so herunter drückt (oder auch schlägt), dass das Boot sich wieder aufrichtet. Dieser Bewegungsablauf muss ebenfalls oft geübt werden, da beide Personen im Boot sich aufeinander verlassen können müssen und da die unterschiedlichen Strömungsverhältnisse auf fließendem Wasser unterschiedliche Neigungswinkel erforderlich machen. So etwas ist nur durch häufiges Wiederholen und langsames Steigern des Schwierigkeitsgrades erlernbar.

Deshalb sollte dieses und andere statische Manöver zunächst in stehenden Gewässern geübt werden. Danach geht es auf Fließgewässer mit sanfter Strömung, aus der heraus Hindernisse im Wasser angefahren werden, hinter denen die Strömung die Richtung ändert („Kehrwasser"). Je nach Fließgeschwindigkeiten sind diese Richtungsänderungen unterschiedlich drastisch.

Beim Wildwasserpaddeln werden diese statischen Steuerschläge beim Einschwenken in „Kehrwasser" (hinter Strömungshindernissen im Fluss) immer erst in dem Bereich des Wassers ausgeführt, in dem die Fließrichtung gegen die Hauptströmung gerichtet ist. Würden sie noch in der Hauptströmung ausgeführt, dienten sie allenfalls der Einleitung der Kurve. Sie bremsen das Boot aber eher ab, während es oftmals gerade in dieser Situation Beschleunigung bedarf. Werden sie bereits im Grenzbereich der Wasserverwirbelung (der „Scherlinie") angesetzt, sind sie weitestgehend wirkungslos und können zu einem Durchsacken der Person im Bug führen, da die hier auftretenden unterschiedlichsten Strömungen sich gegenseitig neutralisieren können.

Richtig im Kehrwasser, in Bezug zu der dort vorherrschenden Fließrichtung des Wassers gesetzt (und nicht zur Position des Boots), also immer quer zur Fließrichtung, bewirkt das Verankern des Paddels eine Bewegung, die sich noch am ehesten mit dem Festhalten eines Pfostens während des Rollschuhlaufens vergleichen lässt. Das Boot wirbelt bei starker Strömung um das Bugpaddel herum – bei mittlerer Strömung schwingt es ins Kehrwasser und bei schwacher Strömung beschreibt es – im Heck von der Hauptströmung vorangetrieben, eine behäbige Wende.

Als Abschluss eines Kehrwassermanövers vom Bug aus wird sehr häufig noch ein Ziehschlag (oder auch „Fangschlag") durch die Person im Bug erforderlich sein. Mit dem Paddel-ins-Wasser-stecken und -halten ist es also nicht getan. Damit das Boot wirklich dahin kommt, wo man es haben will (nämlich in das ruhige Kehrwasser), muss es häufig noch einen kleinen Richtungsimpuls bekommen, der am wirkungsvollsten vom Bug aus ausgeführt wird.

2.1.2 Paddeltechniken im Heck

Der ***Grundschlag*** im Heck ist vom Ablauf her mit dem Grundschlag im Bug identisch, wird allerdings – damit er parallel zur Kiellinie verläuft – dicht am Süllrand angesetzt und dann mit einigem Abstand vom Boot beendet.

Die Person, die im Heck paddelt, hat die Aufgabe, unerwünschte Richtungsabweichungen, die die Person im Bug aufgrund der fehlenden Bezugsebene (kurzer Bug – langer Horizont) gar nicht wahrnehmen kann, auszugleichen. Deshalb wird idealerweise mittels kurzer, nach außen oder auch zum Boot hin gerichteter Korrekturimpulse am Ende des Grundschlags gesteuert.

Häufig ist zu beobachten, dass das Paddel am Ende des Grundschlags im Heck lange im Wasser bleibt und wie ein Steuerruder gemächlich nach außen oder innen geführt wird.

Wer im Heck sitzt, sollte sich den **J-Schlag** aneignen, damit er den Paddelrhythmus des Bugpaddlers beibehalten kann.

Bei einer solchen – sagen wir mal „behäbigen“ – Vorgehensweise kann die Person im Heck nicht den Paddelrhythmus der Person im Bug beibehalten. Die Bewegungen des Bootes werden unharmonisch und es kommt zu ineffizienten Schaukelbewegungen. Die Person im Heck muss bestrebt sein, die eigenen Paddelschläge simultan zu den Paddelschlägen aus dem Bug auszuführen, damit das Boot im gleichmäßigen Rhythmus vorangetrieben wird. Nur aus dem Heck heraus können die Bewegungen im Bug beobachtet werden. Die Person im Bug hat keine Möglichkeit, ihren Takt der Person im Heck anzupassen.

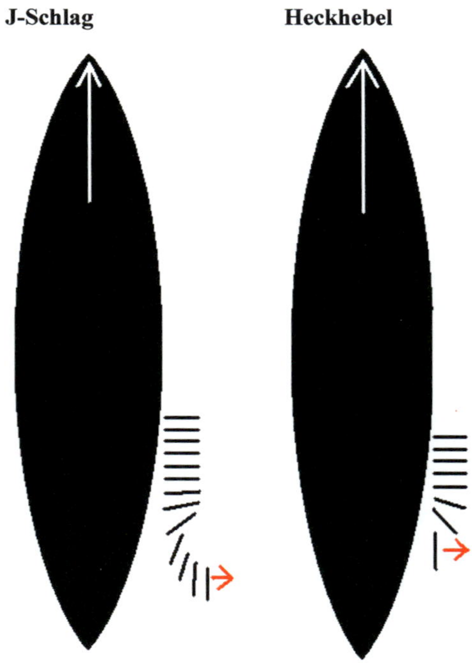

Der Steuerimpuls kann am besten – aber nicht ohne jede Übung – erfolgen, indem ein sogenannter ***„J-Schlag“*** ausgeführt wird. Dabei wird mit dem Paddel, wie der Name schon sagt, ein „J“ beschrieben, wobei der Haken des „J“ nach außen weist.

Der reguläre „J-Schlag“ ist auch daran zu erkennen, dass der Daumen der Hand am Knauf des Paddels bei seiner Ausführung nach unten/vorne gerichtet ist, während er in der Schlussphase des regulären Grundschlags nach oben/hinten weist.

Beim **Heckhebel** zeigt der Daumen am Paddelknauf nach oben.

Der J-Schlag hat den Nachteil, dass in unruhigem Wasser ein mit der „Arbeitsseite“ nach außen geführtes Paddel keine Stützwirkung hat und Kippbewegungen des Bootes begünstigt. Deshalb wird im Wildwasser der ***Heckhebel*** angewandt.

Hierbei wird das Paddel in der letzten Phase des Grundschlags mit dem Schaft gegen den Süllrand gedrückt, so dass die dem Paddler anfangs abgewandte Vorderseite des Paddelblatts den Steuerimpuls nach außen gibt. Sollte das Boot in dieser Situation zu kippen drohen, ist das Paddel in der richtigen Position für eine Paddelstütze.[15]

Weiterhin können im Heck des Bootes sowohl der weiter vorne beschriebene ***Bogenschlag*** als auch der ***Ziehschlag*** Verwendung finden (vgl. S. 72). Sie haben aber erheblich weniger Wirkung als im Bug. Allenfalls der Ziehschlag kann – in Kombination mit dem Bugziehschlag oder besser noch mit dem „Duffek“(③) – eine schnelle Drehung des Boots auf der Stelle bewirken.

Es wurde schon angeführt, dass das Stabilisieren des Bootes während Manövern der Person im Bug eine wichtige Aufgabe der Person im Heck ist. Anders als gelegentlich angenommen ist auch die Person im Heck ein wirkungsvoller Motor des Bootes. Wenn z.B. auf ein Kehrwasser zugefahren wird, ist es bei Erreichen der Scherlinie Aufgabe des Heckpaddlers, das Boot so voranzutreiben, dass die Bugperson das Kehrwasser mit dem Paddel gut erreichen kann. Der Einfahrwinkel in das Kehrwasser wird so maßgeblich von der Person im Heck bestimmt. Je nachdem wie schnell oder zaghaft sie das Boot vorantreibt, wird der schon vorher angestrebte Winkel größer oder bleibt (möglicherweise zu) klein. Ein Winkel zwischen 45° und 90° sollte beim Überfahren der Scherlinie angestrebt werden. Die Neigung des Bootes beim Kehrwassermanöver selbst hängt nicht nur von den auftretenden Unterschieden in den Fließgeschwindigkeiten der gegenläufigen Strömungen, sondern auch vom Winkel und der Geschwindigkeit ab, mit der in das Kehrwasser eingefahren wird. An das richtige Maß müssen sich die Paddelpartner allmählich herantasten.

In heftiger bewegtem Wasser ist der Heckhebel dem J-Schlag vorzuziehen.

[15] Mehr zu den unterschiedlichen Varianten der Paddelstütze ab S. 80.

2.1.3 Paddeltechniken in Bug und Heck

Die flache ***Paddelstütze*** wird in Bug und Heck gleichermaßen angewandt, um plötzliche Kippbewegungen zur Paddelseite hin abzufangen. Dabei wird die Paddelblattfläche, die beim Paddeln vom Paddler abgewandt ist, fest auf die Wasseroberfläche gedrückt oder geschlagen und der Oberkörper richtet sich auf, was ein Wiederaufrichten des Bootes zur Folge hat. Diesen Reflex kann man gut einüben, wenn sich jemand im Sommer (weil das anfangs mit Baden verbunden sein kann) hinter den Paddler ins flache Wasser stellt und das Boot willkürlich mal nach der einen, mal nach der anderen Seite kippt.

Diese Bewegung kann nicht am Ende des J-Schlags ausgeführt werden, weil sie dann erst nach Ausheben des Paddels aus dem Wasser mit der Paddelrückseite ausgeführt werden müsste. Sie schließt sich aber mit fast gleitendem Übergang an den Heckhebel an.

Traditionell orientierte Wildwasserpaddler fahren in lebhaften Stromabschnitten tendenziell mit einer leichten Bootsneigung zur Paddelseite hin. Damit einher geht die fast beständige Anwendung einer Paddelstütze. So wirkt das Paddel wie ein Ausleger, der das Boot stabilisiert, das vielfach langsamer als die Strömung unterwegs ist. Unter moderner ausgerichteten Wildwasserpaddlern ist dieser effiziente, aber wenig sportliche „Bill-Mason-Stil“ eher verpönt. Sie bewegen sich mit der Strömung oder schneller im Wasser und umsteuern damit aktiv, ja fast aggressiv Hindernisse im Wasser. Die Übergänge zwischen diesen Techniken sind – wie alles im Wasser – „fließend“.

Bild: Rolf Hecker

Zum Abwenden einer Kenterung auf die dem Paddel abgewandte Seite wird die ***hohe Paddelstütze*** eingesetzt. Sie ist weniger effektiv als die flache Paddelstütze und besteht in einem rasanten, senkrechten Eintauchen des Paddels, verbunden mit einer Hebelbewegung über den Süllrand (wie beim Heckhebel). Dabei wird der Körperschwerpunkt durch das Verankern des Paddels im Wasser zur Paddelseite hin gezogen und damit die Kippbewegung abgebremst und zurückgenommen. Entscheidend für das Gelingen ist, dass der Körper zum Paddel hin gedreht wird. Wer seitlich oder hinter der Schulter diese Paddelstütze ansetzt, riskiert nicht nur eine Kenterung, sondern auch eine ausgerenkte Schulter.

Bild (re.): Klemens Domogalla

Die **Paddelbox** kann durch einen imaginären auf dem Rücken befestigten Karton versinnbildlicht werden, dessen Wände die seitliche Bewegungsfreiheit einschränken. Unten ist er offen.

Bewegungen mit dem Paddel sollten generell vor dem Körper erfolgen. In der Literatur und in Kursen ist von der ***Paddelbox*** die Rede. Diese Box kann man sich so wie einen unten und vorne offenen Karton vorstellen, der dem Paddler auf den Rücken geklebt wurde und aus dem heraus nur nach vorne agiert werden kann, weil die Seiten seitliche Bewegungen behindern. Wenn also ein Manöver seitlich vom Boot ausgeführt werden muss (und das ist bei quasi jedem Paddelschlag der Fall), muss der Körper so gedreht werden, dass die gedachte vordere Kartonöffnung zu der Seite weist. Diese Vorgehensweise beugt Verletzungen im Schulterbereich vor. Zu solchen kommt es, wenn beständig ein anatomisch ungünstiger Bewegungsablauf erfolgt (chronisch) oder wenn das Paddel an Hindernissen hängenbleibt, während der Schaftarm nach hinten ausgestreckt war (akut). In dem Fall kann es zu einer schlagartigen Überdehnung der Sehnen und Muskulatur bis hin zum Auskugeln des Schultergelenks kommen.

Die Paddelbox ist – was mir bei der Durchsicht meiner Bilder wieder klargeworden ist – eine sehr idealtypische Vorstellung. Selbst versierte Paddler werden sich immer wieder dabei ertappen, dass ihre Körperrotation zu wünschen übrig lässt. Dennoch lohnt es sich daran zu arbeiten, damit das Verletzungsrisiko minimiert und die Kraftentfaltung beim Paddeln aus der Rückenmuskulatur und nicht aus den Armen bezogen wird.

Die Beschreibung all dieser multivariablen Einflussfaktoren soll nicht entmutigen, sondern dazu anregen, viele Versuche in unterschiedlichen Fließsituationen zu machen. Mit jedem Kehrwassermanöver lernt eine Tandem-Besatzung (aber auch ein Solopaddler) dazu und entwickelt ein Gefühl für die auftretenden Kräfte und die unterschiedlichen Möglichkeiten, sie paddelnd zu nutzen und zu beeinflussen. Paddeln zu zweit ist nicht nur eine Auseinandersetzung mit dem Medium Wasser, sondern auch eine Übung, komplexe Bewegungsabläufe im Team simultan und situationsangemessen durchzuführen.

2.2 Solopaddeln im Canadier

Bild: Wolfgang Hölbling

Immer häufiger wird die Überzeugung vertreten, dass die Auseinandersetzung mit dem Fahrverhalten eines Solobootes Paddler erst dazu befähige, effektiv als Team im Tandem-Canadier zu agieren. Das mag überspitzt sein, aber das Paddeln im Solo-Canadier hat tatsächlich so viele Vorteile, dass immer mehr Menschen alleine in Canadiern unterwegs sind.

Möglicherweise ist **Solopaddeln** der bessere Einstieg ins Tandempaddeln.

Wer ein Solo-Boot dirigiert, bestimmt selbst sein Tempo und seine Route. Er oder sie kann einem eigenen Rhythmus folgend in Abhängigkeit von der eigenen Befindlichkeit sportlich oder gemütlich voranpaddeln. Aber auch in der Gruppe macht Solopaddeln Spaß. Im Wildwasser ist die Gruppe geradezu verpflichtend, damit im Fall einer Kenterung jemand zur Stelle ist, Rettungsmaßnahmen einleiten kann oder bei der Bergung hilft. Alleine Wildwasserflüsse zu bepaddeln ist für Anfänger einfach nur fahrlässig und bei Könnern Ausdruck eines etwas fatalistischen Sicherheitskonzeptes, das darauf hinausläuft, niemanden bei der eigenen Rettung in Gefahr zu bringen, sondern stattdessen lieber rettungslos zu bleiben.

Im Solotourenboot ist der **J-Schlag** unabdingbar, im Solo-Wildwasserboot wird der **Heckhebel** angewandt.

Die grundlegenden Paddeltechniken im Solo-Canadier bilden eine Kombination der Techniken in Bug und Heck des Tandem-Canadiers (siehe oben). Der J-Schlag wird – mit einiger Übung – zum Grundschlag, mit weniger Übung – aber auch im Wildwasser – ist der am Ende an den Süllrand angekantete Grundschlag (Heckhebel) die Regel. Dieser wird deshalb vor allem im Wildwasser verwendet, weil er für die kurzfristige Kraftentfaltung geeigneter ist und weil sich das Paddel bei ihm am Ende der Paddelbewegung in der richtigen Position zum Ausführen einer flachen Paddelstütze befindet. Wenn in ruhigen Gewässern der J-Schlag verwendet wird, ist dieses Notfall-Stützen kaum machbar (aber auch nicht nötig).

Marathonpaddler sparen sich das „J“ und jede Steuerbewegung und wechseln mit erstaunlicher Geschwindigkeit nach einigen wenigen Schlägen die Paddelseite, indem sie vielfach das Paddel ein Stück werfen, um die Handpositionen zu tauschen. Das sieht faszinierend aus, birgt aber für tapsige Naturen wie mich das Risiko, plötzlich ohne Paddel im Boot zu sitzen. Diese Technik heißt „sit’n’switch“ und wird – wie der Name schon sagt – im Sitzen ausgeübt. Die Füße ruhen dabei auf einer Fußstütze im Boot, da sie aufgrund der auftretenden Kräfte sonst horizontal auf dem Bootsboden hin und her rutschen würden. Aber auch die sit’n’switch-Technik hat fließende Übergänge zum regulären kniend Paddeln und zum J-Schlag.

2.3 Strategien in strömendem Wasser

2.3.1 Die Kehrwassereinfahrt

In fließendem Wasser ist es häufig erforderlich, die Fahrt zu verlangsamen und sich einen Überblick über die bevorstehenden Schwierigkeiten zu verschaffen. Am besten gelingt dies aus einem Kehrwasser hinter einem Flusshindernis heraus.

Die Einfahrt ins Kehrwasser sollte im Idealfall mit einer gewissen Grundgeschwindigkeit und in einem strömungsangepassten Winkel erfolgen. Besonders wichtig ist es, dass das Boot so aufgekantet[16] wird, dass das "entgegenkommende" Kehrwasser unter dem Bug hindurch fließt und nicht so heftig gegen die Bordwand strömt, dass das Boot umgedrückt wird und kentert.

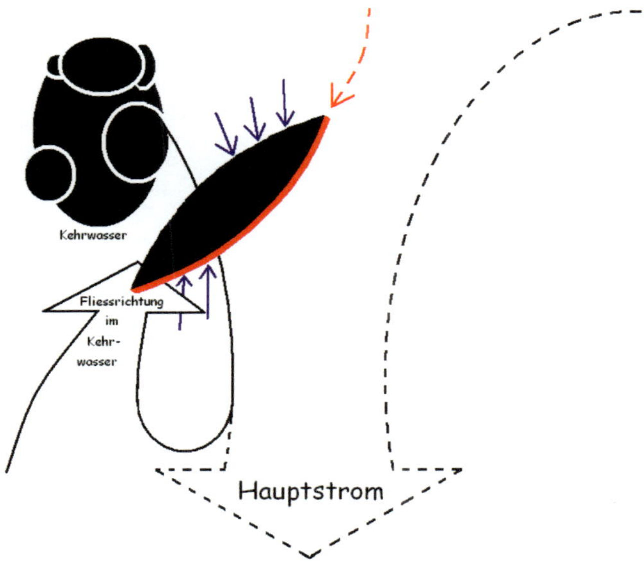

[16] In den Skizzen symbolisiert die hell hervorgehobene Bootskante die beim Aufkanten von oben sichtbare Bordwand des Bootes

So aufgekantet schiebt die Hauptströmung das Boot gewissermaßen in das Kehrwasser. Gelegentlich ist ein Fangschlag im Kehrwasser erforderlich, um das Boot endgültig hineinzumanövrieren. Es kommt schließlich mit dem Bug zum Flusshindernis zum Stillstand. Dabei schiebt das Kehrwasser beständig gegen das Flusshindernis. Bei kräftigen Kehrwässern kann das problematisch werden und man muss sich rechtzeitig eine Strategie zum Verlassen des Kehrwassers zurechtlegen.

2.3.2 Die Kehrwasserausfahrt

Das Verlassen des Kehrwassers kehrt den Prozess der Kehrwassereinfahrt um. Das bedeutet aber, dass man im Kehrwasser etwas Schwung holen muss, um mit einer gewissen Grundgeschwindigkeit in die Stromzunge zu fahren. Das Boot muss oftmals noch weiter aufgekantet werden als bei der Kehrwassereinfahrt, weil die Hauptströmung immer stärker ist als die Kehrwasserströmung.

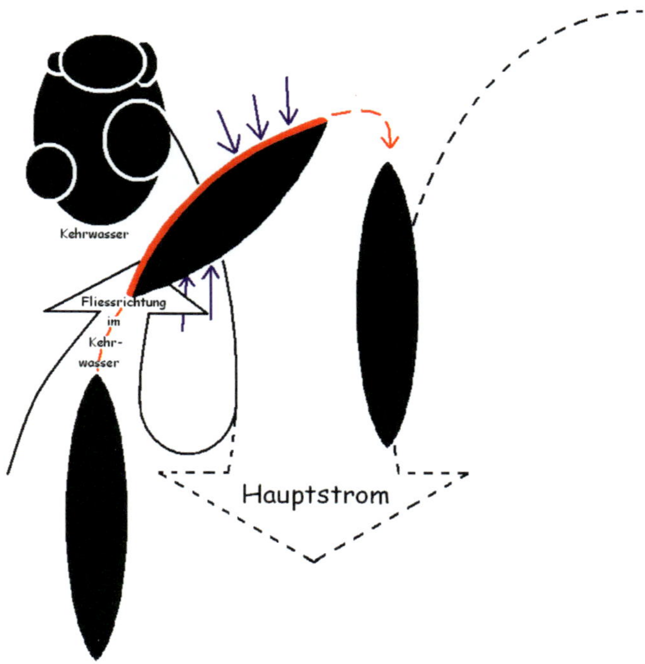

Die Geschwindigkeit und der Einfahrwinkel müssen so gewählt werden, dass das Einscheren in die Stromzunge auch gelingt. Wer zu wenig Schwung hat oder einen zu steilen Winkel wählt, wird zurück ins Kehrwasser geschoben. Wer zu schnell ist und einen zu flachen Winkel wählt, gerät ungeplant ins gegenüberliegende Kehrwasser.

2.3.3 Traversieren (Seilfähre)

Eine weitere wichtige Grundtechnik in fließendem Wasser ist die Fähigkeit, stark strömende Flussabschnitte zu überqueren, ohne von der Strömung flussabwärts gespült zu werden.

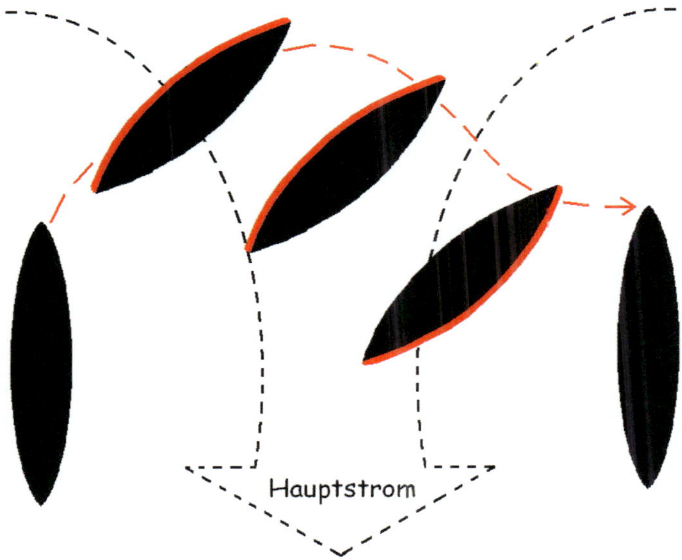

Drei zentrale Elemente sind beim Traversieren zu beachten:

1. der strömungsangepasste Winkel des Bootes in der Stromzunge,
2. das Aufkanten des Bootes,
3. dessen Geschwindigkeit bei der Einfahrt in die Stromzunge.

Man holt im Herkunftskehrwasser Schwung, fährt mit angewinkeltem und angemessen aufgekantetem Boot in die Strömung, korrigiert gegebenenfalls den Winkel, macht Paddelschläge, um nicht zu sehr an Höhe zu verlieren und wechselt bei der Einfahrt ins gegenüber liegende Kehrwasser den Aufkantwinkel. Gegebenenfalls wird bei Erreichen des Kehrwassers noch ein Vorwärtsschlag eingesetzt, um das Boot im Kehrwasser zu „verankern".

Es wird hier oftmals von „angemessenem" Winkel oder starkem bzw. weniger starkem Aufkanten geredet. Was mit dieser Dosierung gemeint ist, lässt sich in einem Text schlecht vermitteln. Das Maß ergibt sich aus einer Vielzahl von Faktoren, deren zentrales Element die Bootsgeschwindigkeit in Relation zur Fließgeschwindigkeit ist. Aber auch die Grundform des Bootsrumpfs hat Einfluss darauf.

Wer diese Techniken erlernt, wird kaum darum herum kommen, sich allmählich an den richtigen Winkel und das richtige Maß des Aufkantens heran zu tasten. Auch wer einen Kurs besucht, bekommt lediglich erste Impulse für den Umgang mit fließendem Wasser.

Richtige Wildwasserprofis haben ihren Expertenstatus nur durch beständiges Üben und Ausprobieren erlangt. Wer viel Begabung mitbringt, erlernt diese Techniken schneller. Wer mehr übt, hat ebenfalls einen Vorteil. Üben und Ausprobieren sind Schlüsselbegriffe zur Aneignung dieser Techniken. Deshalb ertappen sich Paddler bei Ausfahrten immer wieder dabei, wie sie jedes sich anbietende Kehrwasser ansteuern. Kehrwassermanöver und Seilfähren machen schließlich Spaß. Man „spielt" mit Strömungsunterschieden und erlangt durch dieses Spiel ein immer besseres Gefühl für die Auswirkungen des strömenden Wassers auf das Boot.

3 Es geht auch ohne Paddel

Es ist eine wenig bekannte Tatsache, dass Canadier völlig ohne Paddel fortbewegt werden können. Unterschiedliche Strömungs- und Witterungsverhältnisse begünstigen andere Mittel, ein Boot voranzutreiben oder machen sie sogar erforderlich.

3.1 Segeln

Da ist zum einen das Segel. Ich hatte nur relativ kurze Zeit eine Besegelung in meinem alten Alucanadier und war erstaunt, welch hohe Geschwindigkeiten damit erreicht werden konnten. Sie waren so hoch, dass meine Seitenschwerter stets bedrohlich ins Flattern und damit dicht an den Rand ihrer Belastbarkeit kamen. Ich habe das Segeln schnell aufgegeben, weil ich das Boot immer mehr hätte hochrüsten müssen und die mitzuschleppenden Materialberge meine Kapazitäten überschritten hätten. Ein für die Besegelung ausgerüstetes Boot lässt sich nur noch schwer paddeln.

Beim **Canadiersegeln** werden erstaunlich hohe Geschwindigkeiten erreicht, die eine robuste Ausrüstung des Boots erforderlich machen.

Aber es gibt eine verschworene Gemeinschaft der Canadier-Segler, die mit der Technik und Ausstattung vertraut ist. Im Wettbewerbsbereich gibt es fortwährend die Bootsklasse der Segelcanadier.

3.2 Poling und Snubbing

Eine meiner Leidenschaften ist das Poling. Ich lebe in einer Universitätsstadt, in der die Tradition des Stocherkahnfahrens hoch gehalten wird, und bin vielleicht deshalb dieser etwas exzentrischen Technik verfallen. ***Poling*** heißt die Technik, im Boot stehend mit einer langen Stange den Canadier in flachem Wasser gegen die Strömung zu staken. ***Snubbing*** ist das vorsichtige Herabtasten mit der Strömung in steindurchsetzten Stromschnellen.

Poling und Snubbing wird in Flussabschnitten betrieben, in denen aufgrund der geringen Wassertiefe und der vielen Steinhindernisse mit Paddeln kein Vorankommen ist. Als Canadier noch Transportmittel waren, wurden die Flüsse ja noch in beide Richtungen befahren. Die Umtragung flacher Flussabschnitte war oft wesentlich aufwändiger, als sich vom Flussufer einen geeigneten Stab zu suchen und sich damit stehend im Boot den Fluss hinauf zu stoßen oder vorsichtig hinunter zu tasten.

Bild: Klemens Domogalla

Zunächst kostet es einige Überwindung, sich ins Boot zu stellen. Da diese Techniken allerdings vorwiegend in seichten Flussabschnitten betrieben werden, holt man sich beim ungewollten Aussteigen zunächst häufig nur nasse Füße. In heftiger bewegtem Wasser ist es dann wohl doch ratsam, einen Helm zu tragen, da ein Sturz aus dem Boot in steindurchsetztes Wasser erhebliche Verletzungsrisiken birgt. Schon ein Sturz auf den Süllrand des eigenen Bootes aus stehender Position kann äußerst schmerzhafte Folgen haben (ich habe mir bei einer solchen Gelegenheit einmal eine langwierige Rippenprellung zugezogen). Deshalb sollten anfangs in flachem Wasser Gleichgewichtsübungen gemacht werden. Zunächst wird ohne Stange, später mit Stange und gelegentlichem Abfangen durch Niederstoßen der Stange in den Flussgrund das Boot stehend hin und her gekippelt. Damit kann ein Gefühl für das Kippverhalten des Bootes entwickelt werden und es bildet sich ein gewisses Grundvertrauen dahingehend, dass auch ein stark aufgekantetes Boot nicht gleich überkippt. Das Einüben des Abfangens der Kippbewegung mit der Stange gibt zusätzliche Sicherheit.

Beim ***Poling***, also dem Staken flussauf, wird eine Standposition ein Stück hinter der Bootsmitte eingenommen. Der Bug wird so entlastet und ist frei beweglich.[17] Je weiter man sich jedoch von der Bootsmitte entfernt, desto kippeliger wird das Boot (es ist deshalb sinnvoll, sich an eine passende Position heranzutasten und erst mit einiger Übung weiter im Heck zu stehen).

Dann wird das Boot mit der Stange vorwiegend auf einer Seite (aber auch mal wechselnd) flussaufwärts geschoben. Dabei

---

[17] Das ist essentiell, denn die Kontrolle über den Bug bestimmt darüber, ob das anströmende Wasser das Boot herumreißt oder ob die Strömung das Boot günstig ausrichtet.

wandern die Hände bis zum oberen Ende der auf den Flussgrund gesetzten Stange. Sind sie dort angekommen, wird die Stange aus dem Wasser gezogen und weiter vorne (oder auch auf der anderen Bootsseite) wieder eingesetzt. Der Vorgang wiederholt sich und es können mit etwas Übung beachtliche Geschwindigkeiten erreicht werden, die jeden nebenher paddelnden (und dabei ständig mit dem Paddel auf den nahen Flussgrund stoßenden) Zeitgenossen erblassen lassen. In stärker strömendem Wasser können kleine Kehrwasser genutzt werden. Das Ein- und Ausfahren aus den Kehrwassern erfordert die gleichen Aufkantbewegungen, die auch beim Paddeln erforderlich sind, damit die Strömung nicht gegen die Bootswand drückt und somit das Boot zum Kippen bringt.

Bild: Klemens Domogalla

Das flussabwärts gerichtete ***Snubbing*** bremst das Boot in kleinen, flachen steindurchsetzten Stromschnellen wirkungsvoll ab, wenn man – diesmal das Heck entlastend – etwas weiter vorne im Boot stehend mal links, mal rechts die Stange in kurzen Abständen in den Flussgrund rammt. Dabei muss man vorsichtig darauf achten, dass sie nicht in einer Spalte stecken bleibt. Die Entlastung des Hecks sorgt dafür, dass das Wasser unter dem Boot hindurch fließt und wenig Kraft auf die seitlichen Bootswände ausübt. Damit bleibt das Boot stabil in der Strömung stehen. Da die Orientierung flussabwärts gerichtet ist, muss ein Gefühl für die aufs Boot wirkenden Kräfte des Wassers entwickelt werden. Es sollte also an seichten Flussabschnitten mit zunächst geringer Strömung geübt werden. Es empfiehlt sich, diese Technik zunächst aufrecht kniend zu üben und sich erst mit gewonnener Sicherheit ins Boot zu stellen, damit die volle Länge der Stange ausgenutzt werden kann.

Snubbing ist die Kunst, einen Canadier im Stehen kontrolliert flache Flussabschnitte und kleine Stromschnellen hinab zu steuern.

Snubbing wird weniger häufig als Poling betrieben, denn dort, wo das Boot mit der Strömung treibt, kann ja auch sitzend mit dem Paddel manövriert werden. Wenn die Stromschnelle flach und von Steinen durchsetzt ist, kann Snubbing jedoch durchaus sinnvoll sein, denn das Abbremsen des Bootes in der Strömung ist mit dem Paddel nur schwer zu bewerkstelligen.

Mit einiger Übung lassen sich mit Hilfe der Polingstange auch kürzere Tiefwasserabschnitte überwinden, indem die Stange – noch im Stehen – wie ein Kajakpaddel benutzt wird. Es ist erstaunlich, welchen Vortrieb so eine schmale Stange auslöst. Sinnvoll ist dieses stehend Paddeln mit der Stange dann, wenn in kurzer Entfernung wieder ein Flachwasserabschnitt folgt, in dem dann erneut gestakt wird.

Polingstangen waren ursprünglich aus Holz und wurden zunächst vor Ort, wo sie gebraucht wurden, aus der Ufervegetation geschnitten. Später kamen Aluminiumstangen auf, die gegenwärtig noch am häufigsten Verwendung finden. Heute werden aber auch leichte Glasfaser- oder Karbonstangen be-

Für **Polingstangen** eignen sich unterschiedliche Materialien – der „Schuh“ der Stange hat Einfluss auf ihre Haftung am Flussgrund.

nutzt. Die Länge der Stangen bewegt sich meist zwischen drei und vier Metern. Die Stärke der Stangen variiert. Ich bevorzuge solche, die einen etwas größeren Durchmesser als ein Paddelschaft haben (ca. 3,5 cm). Oftmals werden deutlich stärkere Stangen verwendet. Die Enden der hohlen Alu- oder Laminat-Stangen[18] sind wasserdicht versiegelt und haben oft einen Stahldorn, der sich im Flussgrund sicher verankern lässt. Meine Karbonstange hat lediglich Aluminiumkappen, die zum Abgleiten an Steinen neigen, wenn die Stange im Zuge des Vorantreibens einen gewissen Winkel erreicht. Das ist immer wieder ärgerlich, aber ich zögere noch, sie mit einem Dorn zu versehen. Gleichzeitig kann diese Stange trickreich in drei Teile zerlegt werden, so dass ich sie gut im Boot verstauen kann. Eine selbstgebaute, aber ungleich schwerere Holzstange habe ich mit einem Dorn ausgestattet. Sie lässt sich wesentlich verlässlicher verankern, bildet aber, wenn ich sie nicht benutze, einen sperrigen Ballast, weil sie ins Boot gelegt an einem Ende seitlich herausragt. Oftmals werden Polingstangen an den Süllrand geschmiegt im Boot befördert. Das setzt aber voraus, dass sie sehr biegsam sind. Ich komme mit so geschmeidigen Stangen nicht gut zurecht; sie erschweren meine Erachtens das Poling, weil sie zu sehr federn.

Zum **Staken** mit dem Canadier gehört offenbar einige Exzentrik.

In den nordöstlich gelegenen Neuengland-Staaten der USA werden regelrechte Poling-Wettbewerbe ausgetragen. Aber auch dort bedarf es einiger Exzentrik, diesen Sport zu betreiben. Auch in England wird von nicht wenigen Canadierpaddlern Poling betrieben. Hierzulande gibt es nur sehr wenige Menschen, die gelegentlich mit langen Stangen aufs Wasser gehen und in ihrem Boot stehen.

---

[18] Oft ist der Hohlraum ausgeschäumt, damit für eindringendes Wasser kein Platz bleibt.

3.3 Treideln

Bei geringem Uferbewuchs ist es auch möglich, das Boot in flachen Stromschnellen zu treideln. Geschickte Tandembesatzungen können mit zwei Treidelleinen ein Boot bis weit in den Fluss hinein um Hindernisse am Ufer vorbei manövrieren und damit schwierige Flussabschnitte überwinden. So werden Boote beispielsweise durch leichte Stromschnellen, die aufgrund von Felshindernissen nicht befahrbar sind, am Seil hinabgeführt. Dazu muss das Boot durch Zug und Lockerlassen, vor allem des flussaufwärts befestigten Seils, über die Breite des Flusses navigiert werden. Diese Technik muss geübt und das Boot entsprechend präpariert werden. Wenn die Treidelleinen zu weit oben am Boot befestigt sind, wird das Boot zu sehr in Schräglage versetzt - es kentert. Ist die Treidelleine auf Höhe der Wasserlinie festgemacht (entweder über ein einlaminiertes Rohr durch Bug- und Hecksteven oder am Knotenpunkt einer Y-förmigen Leine unter dem Boot befestigt), kann das anströmende Wasser dazu genutzt werden, das Boot weiter in die Flussmitte zu manövrieren, indem das Heck etwas dichter ans Ufer gezogen wird, während die Bugleine locker gehalten wird. Andererseits nähert es sich dem Ufer, wenn die Bugleine straffer gehalten wird als die Heckleine. Die beiden Personen, die die Leinen halten, müssen sich gut abstimmen. Wird es notwendig, eine Leine ganz loszulassen (z.B. um einen am Ufer stehenden Busch oder Baum zu umgehen), sollte die andere umso fester gehalten werden, damit das Boot nicht den Fluss hinab saust.

Das **Treideln** eines Tandemcanadiers will geübt sein – viele Boote kentern, weil die Treidelleine zu hoch am Boot befestigt ist.

3.4 Eisige Bedingungen und der Eispickel

Im Winter kann ein **Eispickel** ebenso wichtig wie das Paddel sein.

In der kalten Jahreszeit trifft man gelegentlich (vor allem in Ufernähe) auf Eisflächen, die zur Begehung zu schwach sind, durch die das Boot aber auch nicht hindurchfahren kann. Schon eine Eisdicke von ca. einem Zentimeter behindert das Vorankommen im Canadier erheblich.

Eher der Vollständigkeit halber als aus Praxiserfahrung sei hier angeführt, dass dann im Bug liegend ein Eispickel dazu verwendet werden kann, das Boot auf und über die brüchige Eisfläche auf festen Grund zu ziehen.

Bereits dünne **Eisschichten** lassen sich mit Boot und Paddel allein nicht mehr durchbrechen.

Wer sein Boot als Eisbrecher benutzen will (und hier habe ich etwas mehr Erfahrung), sollte sich klar sein, dass der Bug eines Eisbrechers nicht die Eiskante horizontal durchstößt, sondern über sie hinwegragt und durch sein Gewicht vertikal das Eis zerbricht. Es ist also sinnvoll, als „eisbrechender" Canadierpaddler zunächst mit nach Achtern verlegtem Gewicht auf das Eis hinaufzufahren und es dann durch Gewichtsverlagerung zum Bug hin zu zerbrechen. Auf diese Weise kann man sich schrittweise im Eis fortbewegen, bis das Eis so fest wird, dass der Eispickel zum Einsatz kommt – in unseren Breiten und bei gewöhnlichen Witterungsbedingungen hat man dann meist schon das Ufer erreicht.

Wenn jedoch tatsächlich ein beträchtlicher Weg über das Eis zurückgelegt werden muss, ist es ratsam, auf dem Bug liegend den Pickel im Eis zu verankern und das Boot daran über das Eis zu ziehen. Der Schlag mit dem Pickel ins Eis gibt recht gute Aufschlüsse über dessen Festigkeit, so dass früher oder später das Eis betreten werden kann. Völlig sicher, dass das Eis hält, kann man sich aber bei Eisflächen, die zum Wasser hin offen sind, selten sein. Sicherer ist es allemal, im Boot zu bleiben und sich weiter mit dem Eispickel bis zum sicheren Ufer zu ziehen.

4 Lagerung und Transport von Canadiern

4.1 Lagerung

Beim **Lagern und Transportieren** eines Canadiers ist es am besten, wenn er fest auf beiden Süllrändern aufliegt.

Canadier sollten am besten kieloben und fest auf vier Punkten auf den Süllrändern aufliegend gelagert werden. Damit wird möglichen Verformungen des Rumpfs entgegengewirkt. Auf diese Weise kann auch eventuell im Boot befindliches Wasser abfließen,[19] damit es z.B. im Winter nicht gefrieren und im Sommer nicht verfaulen kann. Diese Art der Lagerung erschwert jedoch die Unterbringung von Ausrüstungsgegenständen. Paddel lassen sich auf die Querstreben und Sitze schieben und es können mit Karabinern Schwimmwesten und Packsäcke eingehängt werden, wenn auf dem Innenboden des Bootes Befestigungs-D-Ringe eingeklebt sind.

Viel einfacher lässt sich die Ausrüstung natürlich in kielunten lagernde Boote ablegen. Deshalb werden viele Boote auch in von der Decke abgehängte Schlingen geschoben oder – an den Querstreben befestigt – durch ausgeklügelte Flaschenzugkonstruktionen unter die Decke hochgezogen. Das ist die zweitbeste Lagerungsmethode. Dabei sollte darauf geachtet werden, dass unter dem Rumpf durchgeführte Schlingen aus breiten Riemen bestehen und dass der Bootsinnenraum einigermaßen trocken gewischt wurde. Alternativ können Boote auch an den zwei Ösen für die Bootsleinen an Bug und Heck aufgehängt werden. Das ist die drittbeste Lösung, die den Canadier schon etwas mehr belastet. Fatal sind bei dieser Art der „kielunten"-Lagerung undichte Dächer von Bootsschuppen. Wenn nämlich bei Regenwetter ganz allmählich so ein Canadier voll Wasser läuft, kann sein Gewicht zunächst ihn selbst oder aber auch solide Stahlregale und Dachbalken zum Biegen und Brechen bringen.

---

[19] Bei vernünftig konstruierten Canadiern fließt Wasser restlos ab, wenn sie kieloben liegen. Bei weniger vernünftig konstruierten sollten letzte Wasserreste mit einem Schwamm aufgenommen werden, damit sie bei längerer Lagerung keine Schäden verursachen.

In Bootsregale, wie sie in Kanuklubs üblich sind, sollten Boote nicht einfach kielunten hineingeschoben werden. Wenn es nicht möglich ist, das Boot kieloben in das Regal zu schieben, empfiehlt es sich, in das Regal Schlingen einzubinden und das Boot so im Regal aufzuhängen. Gegebenenfalls können die Schlingen auch nach dem Hineinschieben des Bootes jeweils fixiert werden, damit das Boot am Ende hängt. Boote, deren Kiel länger auf schmalen Regalstreben lagern, bilden mit der Zeit Schwachstellen und Beulen aus und mit jedem Hineinschieben über scharfkantige Regalstreben kommen weitere Kratzer an die immer selbe Region des Rumpfs. Früher oder später scheuert sich das Boot an diesem Streifen durch. Die Regalstreben sollten also – gerade wenn das Boot nur über sie geschoben wird – abgepolstert werden.

4.2 Autotransport

Auf dem Autodach oder Bootsanhänger sollte ein Canadier ebenfalls kieloben befördert werden. In jeder anderen Position ist er alles andere als gut und bootsschonend zu befestigen und droht unterwegs verloren zu gehen. Es soll auch schon vorgekommen sein, dass kielunten beförderte Boote in Regenschauern massiv an Gewicht zugelegt haben.

Am besten für den Transport von Booten geeignet sind Querstreben, die z.B. entstehen, wenn man kurze, aber solide Latten über die Dachreling von Kombi-Modellen spannt. Diese Querstreben dürfen hierzulande nicht seitlich über die Fahrzeugbreite hinausragen, wohl aber über die Dachkante. In der Regel sind die im Handel erhältlichen Dach-Querträger jedoch ohnehin viel kürzer als erlaubt. Wenn die gesamte Fahrzeugbreite ausgenutzt wird, können fast immer zwei Boote nebeneinander befördert werden.

Um die Querstreben werden Riemenschlingen so herumgeführt, dass sie jeweils zweimal über das Boot und unter der Querstrebe hindurch gehen. Sie werden mit Spannschlössern oder Ratschen festgezurrt. Traditionalisten schwören nicht ohne Grund auf Seile. Sie sind zur Befestigung von Booten auf Autos geeignet, wenn sie mit einem Truckers Hitch (oder auch „Fuhrmannsknoten“) fest verspannt werden. Dieser Knoten sollte beherrscht werden, da mit ihm nahezu alle Befestigungsprobleme bei sperrigem Transportgut bewältigt werden können.

Es ist stets sinnvoll (und auf längeren Strecken unerlässlich), Boote auch vorne und hinten mit einem Seil zu sichern. Da moderne Autos meist eine asymmetrisch verankerte Abschleppöse haben, die ein seitliches Verrutschen von Booten nur nach einer Seite verhindert, aber nach der anderen bei entsprechendem Winddruck begünstigt, sollten vorne unter der Motorhaube Schlingen eingeknotet oder festgeschraubt werden, die seitlich unter dem Rand der Haube herausgeführt werden (und sich bei Nichtgebrauch unter ihr verstecken lassen). An ihnen kann das Boot so befestigt werden, dass das Seil symmetrisch verläuft.

Zum **Vertäuen** eines Bootes bieten sich Riemenschlingen an. Wer feste Seile verwendet sollte sich ein wenig mit Knotenkunde befassen.

4.3 Tragetechniken

Bild: Klemens Domogalla

Allein anheben: Moderne Solocanadier mit geringem Gewicht können buchstäblich „auf die leichte Schulter" genommen werden. Schwerere Boote verfügen in der Regel über ein Tragejoch in der Mitte. Dieses Tragejoch auf die Schultern zu bekommen erfordert einige Übung, ist aber – wenn man den „Bogen" (auch dies buchstäblich) einmal raus hat – erstaunlich einfach.

Derjenige, der das Boot tragen will, stellt sich breitbeinig neben das Boot und dreht es so auf die Seite, dass die Rumpfunterseite zu ihm weist. Dann beugt er sich vor, fasst das Tragejoch mit beiden Händen und rollt das gesamte Boot so über die Oberschenkel, dass es – da er sich einhergehend mit diesem Vorgang und zum Gewichtsausgleich zurückgelehnt hat – mit der Öffnung zum Oberkörper hin auf den Oberschenkeln ruht. Jetzt wechseln die Hände an die Süllränder, der Körper richtet sich in einer wippenden Bewegung auf, die darauf abzielt, das Boot von den Oberschenkeln nach oben abzustoßen. Das so vor dem Körper in einer Aufwärtsbewegung befindliche Boot wird in einer Drehbewegung (des Körpers, nicht des Bootes!) mit Ausfallschritt über den Kopf geschwungen.

Diesen Ablauf muss man üben. Anfangs bekommt man eventuell noch den einen oder anderen blauen Fleck. Der Ausfallschritt sollte auf festem Terrain erfolgen, damit man nicht ausrutscht. Bald gelingt es auf diese Weise auch ohne große Kraftanstrengung, 40-Kilogramm-Boote zu stemmen. Richtig anstrengend wird es dann erst später beim Tragen.

Zu zweit anheben: Viel einfacher geht es natürlich, wenn einem jemand dabei hilft, das Tragejoch auf die Schultern zu wuchten. Zunächst wird der Bug (bzw. das Heck) angehoben und von der helfenden Person hochgehalten, während die später tragende Person sich unter dem angehobenen Boot langsam (immer mehr in die Knie gehend) zum Tragejoch vorarbeitet, es „schultert“ und aus den Knien heraus das Boot anhebt.

Beim Tragen des Bootes setzt nach einiger Zeit eine gewisse Erschöpfung ein, die die Idee nahelegt, das Boot einfach abzusetzen. Man sollte der Versuchung widerstehen, es auf den Boden zu legen, da man es ja sonst wieder auf die Schultern wuchten muss. Viel einfacher ist es, den Bug in einer Astgabel oder auf einem geeigneten Ast abzulegen, so dass man anschließend wieder gut unter das Tragejoch kommt.

4.4 Bootswagen

In unseren Breiten ist das Tragen von Canadiern in den seltensten Fällen wirklich erforderlich, da die Umtragestellen kaum aus unwegsamen Wald- oder Sumpfpassagen bestehen, sondern vielfach aus fest asphaltierten Schleusen- oder Wehrumgehungen, auf denen ein **Bootswagen** hilfreich ist.

Die Bootswagen, die im Handel angeboten werden, haben meist viel zu kleine Räder, denn nach dem fest asphaltierten Abschnitt kommt fast immer noch ein Stück unwegsame Wiese oder ein Schotterstrand, auf der/dem die kleinen Rädchen an jeder Bodenerhebung hängen bleiben. Deshalb sollte beim Kauf eines Bootswagens auf große, solide Räder geachtet werden.

Bootswagen sollten hinreichend große Räder haben, damit sie über holprige Wiesen mit Maulwurfshügeln rollen können.

Wenn der Bootswagen in der Mitte des Bootes platziert wird, ist es in der Regel gut ausbalanciert. In der Mitte des Bootes bietet das Boot allerdings auch am wenigsten strukturelle Stabilität. Manch überladenes Boot ist so schon auf dem Bootswagen in sich zusammen gesackt oder hat bei Bodenunebenheiten mit knackenden Geräuschen Blessuren davongetragen. Deshalb kann es sinnvoll sein, den Bootswagen etwas weiter zur Bootsspitze hin zu platzieren und gegebenenfalls das Gepäck so einzuladen, dass es über und vor dem Bootswagen zu liegen kommt. Dann ist das Boot ebenfalls ausbalanciert, aber nicht so belastet wie bei der Mittelposition. Bei dieser Vorgehensweise ist auch ein weniger breiter Bootswagen erforderlich, der sich anschließend leichter im Boot verstauen lässt.

5 Umweltschutzaspekte

Umweltbedrohungen für und durch das Canadierpaddeln: Canadierpaddeln gilt als naturnahe Freizeitbeschäftigung, was vielfach mit dem etwas romantischen Trapperimage der Canadierpaddler zu tun hat, denn die wirklich naturbelassenen Gewässer sind in unseren Breiten eher rar. Die Natur holt sich mithilfe des Wassers die kanalisierten Gewässer zurück. Wo das nicht durch stetige Baumaßnahmen unterbunden, sondern sogar gefördert und aktiv unterstützt wird, werden die natürlichen Gewässer auch besonders geschützt.

Paddler werden auf den allmählich wieder mehr werdenden natürlichen Gewässern von Umweltschützern als Eindringlinge und Störenfriede empfunden. Die Horden häufig alkoholisch angeheiterter Wochenendpaddler (meist – aber nicht immer – in Leihbooten) machen diese Bedenken leicht nachvollziehbar. Gerade diese auch in den USA vorherrschende Unkultur der wochenendlichen, bierseligen Paddeltouren unter größtmöglicher Geräusch- und Müllabsonderung gefährdet das uneingeschränkte Canadierpaddeln in höchstem Maß.

Bootsverleiher werden vielfach fortwährend von Kontingent-Regelungen zur Flussbefahrung unangemessen begünstigt und verteidigen dieses Privileg, um weiter ihre Geschäfte machen zu können. Diese Kontingentierungen schreiben für bestimmte Flüsse und Flussabschnitte die maximale Anzahl von Bootsfahrten pro Tag vor. Ein Großteil dieser Kontingente geht an die Verleiher, während ein Restkontingent den im Deutschen Kanu-Verband organisierten Vereinen verbleibt, so dass nicht verbandsangehörige Paddler leer ausgehen. Auf manchen Flüssen gibt es für unterschiedliche Abschnitte unterschiedliche Regelungen. So kann gegenwärtig[20] auf der oberen Donau z.B. von Beuron bis Riedlingen in den Sommermonaten mit einem sogenannten Berechtigungsschein, für den pro Boot eine Gebühr erhoben wird, gepaddelt werden. Das Paddeln auf der Donau durch den Ort Ried-

---

[20] Stand Anfang 2009

lingen ist ganzjährig verboten und die Strecke flussabwärts von Riedlingen aus darf nur wochentags bepaddelt werden. Ein Regelwerk, an dessen Deutung selbst akademisch vorgebildete Paddler leicht scheitern.

In Canadierkreisen hat sich ein Verhaltenskodex durchgesetzt, der auf größtmögliche Rücksichtnahme gegenüber Fauna, Flora und engagierten Umweltschützern abzielt. Vor jeder Ausfahrt werden die Teilnehmer organisierter Vereinsausfahrten vom Umweltbeauftragten des Vereins obligatorisch, ja fast schon mantraartig, darauf eingeschworen, tendenziell in der Strommitte zu paddeln, die Ufervegetation zu schonen sowie Tiere über und unter Wasser möglichst wenig zu stören. Größere Paddelgruppen sind dabei häufig mit dem Dilemma konfrontiert, sich entweder aufzuteilen (weniger auffällig) oder geballt in der Gruppe zu bleiben (so kommt es nur einmalig zur Störung der Tierwelt).

Befahrungsverbote und Kontingentregelungen beschränken vor allem die, die nicht für Umweltschäden verantwortlich sind.

Dass gerade die ungeübten und nicht auf einen gemeinsamen Verhaltenskodex eingeschworenen Leihbootpaddler besonders häufig auf den empfindlichen und teilgesperrten Flussabschnitten zugange sind, hat den paradoxen Effekt, dass zunehmend rigidere Flusssperrungen aufgrund des Fehlverhaltens der Gelegenheitspaddler ausgesprochen werden. Diese sind von Sperrungen dann aber kaum betroffen, weil sie ja nur ab und zu paddeln und leicht auf nicht gesperrte Gewässer ausweichen können. Die umweltbewussten Canadierfahrer hingegen, die das Naturerlebnis suchen und zu schätzen wissen, geben eigentlich keinen Anlass zu Sperrungen und Kontingentregelungen, leiden aber in viel stärkerem Maße darunter.

Konflikte mit Anglern sind ein weiteres Thema: Angler sind auf den Fischbestand in Seen und Flüssen bedacht (weniger zur Erhaltung großer Artenvielfalt als mit der Motivation, reichlich kapitale Beute zu machen). Viele von ihnen argwöhnen, dass Paddler die Laichgründe stören und Fische aus ihren Angelgebieten verscheuchen. Deshalb streben einige von ihnen Befahrungseinschränkungen für Paddler an, stellen eigenmächtig Verbotsschilder auf und schimpfen gern und lauthals über Bootsfahrer. Canadierpaddler tun gut daran, zu

Anglern nett zu sein, sie weiträumig zu umfahren und durch die Bildung örtlicher Interessensvertretungen den Angelvereinen in ihren Bestrebungen, Schutzgebiete auszuweisen, Grenzen zu setzen. Werden erst einmal ganze Flussabschnitte gesperrt, ist an Wanderfahrten überhaupt nicht mehr zu denken.

Dämme und Wehre: Seit Anbeginn der Industrialisierung, ja schon zu Beginn einsetzender Mechanisierung (Wassermühlen) werden Flüsse und Gewässer für wirtschaftliche Zwecke genutzt. Die Flüsse, die nicht für die Binnenschifffahrt frei gehalten wurden, werden fortwährend zur Stromerzeugung genutzt. Dämme und Wehre werden eingebaut, Flüsse werden immer weiter „reguliert". Die Nutzung von Gewässern für muskelbetriebene Wasserfahrzeuge wird inzwischen vielfach als eher exzentrisches und unzeitgemäßes Phänomen betrachtet, dem man – da, wo damit sportliche Ambitionen verbunden werden – kleine Reservate überlässt. Nicht schiffbare Flüsse als traditionelle Wasserwege haben wirtschaftlich und auch kulturell keine Bedeutung mehr.

Canadierpaddler wehren sich verzweifelt gegen diese Grundhaltung. Ein Grund für die Verzweiflung ist eben die Tatsache, dass nicht gewerblich schiffbare Wasserwege tatsächlich keine wirtschaftliche Bedeutung als Wasserweg haben, sondern allenfalls im öffentlichen Denken einen ökologischen Wert beigemessen bekommen. Deshalb werden seit einigen Jahren auch bei Wehrbauten und -renovierungen Fischtreppen angelegt, die den Fischen die Wanderung erleichtern oder wieder ermöglichen sollen. Humane Flusswanderer werden im Zuge solcher Baumaßnahmen nur äußerst selten mit Ein- und Aussatzstellen oder gar Bootsgassen und -rutschen begünstigt. Hier sind es in der Regel die örtlichen Vereine, die ihren Einfluss geltend machen und teils auch in Eigeninitiative selbst Hand anlegen, oft am Rande der Legalität.[21] Treppen und Stege werden angelegt, die dazu beitragen,

Dass **Dämme und Wehre** gebaut und unterhalten werden dürfen, die keine Umtragemöglichkeit für Bootswanderer vorsehen, ist aus historischer Perspektive völlig unverständlich.

---

[21] Wasserwirtschaftsämter begünstigen Wirtschaftsbetriebe, in den letzten Jahrzehnten auch zunehmend ökologische Projekte und erst an letzter Stelle Wanderpaddler.

die Ufervegetation zu schonen, weil durch sie die Tragewege für die Boote kanalisiert werden.

Dort wo Stege und Treppen fehlen, sind Wanderpaddler darauf angewiesen, sich selbst einen Weg zu bahnen. Dadurch wird die Natur häufig erheblich mehr gestört als durch vorgegebene Schneisen. Wenn also an einer Umtragestelle an einem Wehr ein ausgetretener schlammiger Pfad besteht, sollte dieser genutzt werden, auch wenn sich das Boot viel leichter über die benachbarten Brennnesseln schieben lässt.[22]

---

[22] Ich habe meinen alten Alucanadier früher bevorzugt über Brennesselgestrüpp geschoben und eine kleine Sichel dabeigehabt, mit der ich die Umtragestellen von den garstigen Pflanzen befreit habe. Inzwischen weiß ich, dass auch dieses ungeliebte Gestrüpp ein wichtiger Lebensraum – vor allem für Insekten, aber auch zahlreiche Nagetiere – am Flussufer ist, den es möglichst zu schonen gilt.

6 Campingreisen mit dem Canadier

Das ***Campieren*** (Biwakieren) auf Canadierreisen am Rand der Flüsse wird trotz aller Reglementierung vielerorts noch toleriert. Um diese Toleranz nicht zu sehr zu strapazieren, sollten Lagerplätze wohl gewählt werden und möglichst noch sauberer verlassen werden als wir sie vielfach anfinden. Für den eigenen Müll sollte jeder eine Mülltüte dabei haben. Paddler erwerben unzweifelhaft ein gutes Karma, wenn sie auch noch den Müll mitnehmen, den andere vor ihnen angehäuft haben.

Dort, wo das Zelten in freier Natur nicht geduldet wird (mancherorts aus gutem Grund), sollten rechtzeitig öffentliche Campingplätze angepaddelt werden. Die Verbote kumulieren nur, wenn immer wieder behauptet wird, man sei nicht rechtzeitig vor dem Dunkelwerden zum Campingplatz gekommen und musste nun ausgerechnet an der malerischen Sandbank neben dem Schwanenpärchen mit den drolligen Jungen sein Zelt aufbauen.

Keine Spuren zurückzulassen ist selbstverständlich. Spuren anderer zu entfernen ist ehrenhaft.

Feuerstellen haben Tradition. Dort, wo sie schon da sind – finde ich –, können sie gepflegt und in bescheidenem, angemessenen Maße betrieben werden. Da, wo keine sind, sollten auch keine neuen angelegt werden. Der Zubehörhandel für Campingartikel hält kleine tragbare Feuerschalen und Hobo-Kocher vor, die eine Nutzung von vorfindlichem Feuerholz[23] ohne Beeinträchtigung der Natur ermöglichen.

Über die **Ausrüstung für mehrtägige Canadierreisen**, die geeigneten Zelte, Tarps, Hängematten, Beile, Messer, Töpfe, Kocher usw. können seitenfüllende Diskussionen in den einschlägigen Canadier- und Outdoorforen verfolgt werden. Grundsätzlich gilt, dass Kanureisen es ermöglichen, auf die ultraleichte Wanderausrüstung zu verzichten und durchaus etwas komfortablere Campingutensilien mitzuführen. Den-

Das **Gewicht und der Umfang des Gepäcks** spielen beim Flusswandern eine untergeordnete Rolle, sind aber nicht bedeutungslos.

[23] Als Faustregel für Feuerholz gilt, dass es sich um solches totes Holz handelt, das ohne Zuhilfenahme von Werkzeug gebrochen werden kann. Wer Holz von lebenden Bäumen abschneidet, hat ein saftiges Bußgeld verdient und bekommt ein schlecht brennendes Feuer obendrein.

noch sollte man im Auge behalten, dass bei jeder Umtragung Boot und Ausrüstung geschultert werden müssen und dass es ratsam ist, die ganze Ausrüstung in einigen wenigen Packs zusammen zu bündeln, die noch dazu Wasserspritzer oder ein unfreiwilliges Bad überstehen.

Wird ein **Basislager** eingerichtet, von dem aus Tagestouren unternommen werden, kann umso mehr Material, das den Aufenthalt im Freien komfortabler macht, zum Einsatz gebracht werden.

Ein **Basislager** kann und sollte mit höchstmöglichem Komfort ausgestatten werden.

Dafür haben sich in der Canadierszene relativ schwere, aber hoch komfortable **Baumwollzelte** – zumeist skandinavischer Herkunft – eingebürgert, über deren Varianten und Qualitätsdifferenzen ebenfalls kontrovers debattiert wird. Die Vorteile dieser Zelte sind ihre vielfältigen und ausgeklügelten Möglichkeiten der Belüftung bei heißen Temperaturen und der Heizung mittels offenem Feuer oder **Zeltofen** in der kalten Jahreszeit. Beides sorgt in einem Baumwollzelt für ein angenehmes Raumklima, das ein Nylonzelt nicht bieten kann.

Besonders in der kalten Jahreszeit kann der Umstand, dass ein Baumwollzelt beheizbar ist, den Abschluss eines eisigen Paddeltages krönen. Darüber hinaus ist im beheizten Zelt aufgehängte Paddelbekleidung am anderen Morgen wieder trocken, was ebenfalls äußerst angenehm sein kann. Wer zwängt sich schon gerne in einen nasskalten Neoprenanzug? Ein weiterer Vorteil liegt darin, dass es sich um Zelte handelt, in denen man (z.B. beim Kleidungswechsel) aufrecht stehen kann.

Ausrüstungsfragen sind Philosophiefragen – manch einer mag es asketisch, andere beanspruchen höchstmöglichen Komfort.

Inzwischen gibt es aber auch unterschiedliche Nylon-Zelte, die Stehhöhe haben und deren Belüftung ähnlich ausgeklügelt ist wie die der traditionellen Baumwollzelte. Die Beheizung von Nylonzelten birgt aufgrund des Funkenflugs jedoch stets gewisse Risiken. Das schönste Zelt taugt nichts mehr, wenn ein plötzlicher Funkensturm aus dem Zeltofen die Außenzeltbahn perforiert hat.

Über **Campinggeschirr**, -kocher und -töpfe lassen sich ebenfalls Abhandlungen schreiben; ihre Vielfalt kann selbst bei ausufernder Schreibwut gar nicht erfasst werden. Festgehalten werden kann, dass sich in Canadierkreisen das Kochen und Backen mit dem Dutch Oven großer Beliebtheit erfreut und dass faltbare Reflektoröfen nicht selten Teil der Küchenausrüstung im wohlgeordneten Wanigan (vgl. S. 64) sind. Aber der Leichtgewichtkocher und Alu- oder Titantöpfe aus dem Wanderrucksack versehen ähnliche Dienste und lassen sich auf Wanderfahrten mit Umtragungen deutlich angenehmer bewältigen.

Sortieren der Küchenausrüstung fürs Basislager

7 Literatur

Wer sich mit dem Canadierpaddeln zwischen Buchdeckeln befassen möchte, muss sich klarmachen, dass die meisten Bücher zu diesem Thema aus dem englischsprachigen Raum stammen. Einige wenige davon sind übersetzt, noch weniger wurden sogar auf Deutsch verfasst. Fast alle haben gemein, dass sie nicht mehr aufgelegt werden, also fast ausschließlich antiquarisch zu beziehen sind.

Nachfolgend zunächst die wichtigsten Übersetzungen, ein im Selbstverlag erschienenes Buch und ein Faltbootklassiker, der auch auf Canadier anwendbar ist. Angefügt ist auch ein deutschsprachiges Buch über Sicherheit und Bergetechniken.[24] Dann folgt noch eine kleine Auswahl von Büchern, die nur auf Englisch zu bekommen sind. Vielfach lassen sich diese Bücher selbst aus Übersee über das Internet günstig beziehen und die Lektüre lohnt sich bei manchen auch dann, wenn man nicht über umfangreiche Englischkenntnisse verfügt, weil sie z.T. reich bebildert und mit selbsterklärenden Skizzen durchsetzt sind.

7.1 Canadierliteratur auf Deutsch

Mason, Bill: „Die Kunst des Kanufahrens. Der Canadier“ 1991

McGuffin, Gary and Joanie: „Faszination Kanusport“ 2000

Schönfeld, Ralf: „Das Canadier Handbuch. Leitfaden für den Umgang mit dem Wander-Canadier für Einsteiger“ 2004

Stritzky, Otto v.; de Pree, Marja: „Paddel-Handbuch. Wandern auf Salz- und Süßwasser“ 1995

Ferrero, Franco: „Kajak und Kanadier im Wildwasser: Sichern und Bergen“ 1998

[24] Das Buch von Franco Ferrero ist auf englisch in älteren Ausgaben wesentlich günstiger zu bekommen – damals floss Wasser auch abwärts, die erste Auflage ist keineswegs veraltet.

7.2 Canadierliteratur in Originalsprache

(Hier folgen zunächst die englischen Originaltitel der oben schon auf Deutsch angeführten Titel, danach empfehlenswerte, teils längst nicht mehr aufgelegte Titel, deren Reihenfolge sich an ihrer zunehmend spezielleren Ausrichtung orientiert.)

Mason, Bill: "Path of the Paddle. An Illustrated Guide to the Art of Canoeing" 1981

McGuffin, Gary and Joanie: "Paddle Your Own Canoe: An Illustrated Guide to the Art of Canoeing" 2003

Goodwin, Ray: "Canoeing" 2011

Jacobson, Cliff: "Expedition Canoeing. A Guide to Canoeing Wild Rivers in North America." 2000

Davidson, James West; Rugge, John: "The Complete Wilderness Paddler" 1982

Riviere, Bill: "The Open Canoe" 1985

The American Red Cross (Hrsg.): "Canoeing" (zuerst 1956) 1985

Riviere, Bill: "Pole, Paddle and Portage" 1974

Gilpatrick, Gil: „The Canoe-Guides Handbook" 1981

Connover, Garrett: "Beyond the Paddle. A Canoeist's Guide to Expedition Skills"

Beletz, Alfred E.: "Canoe Poling" 1974

Rock, Harry: "Canoe Poling. Standing tall and carrying the big stick" 2005

Über den Autor:

Axel Kühn paddelt seit Ende der neunziger Jahre Canadier. Er ist im Ausbildungsteam des Baden-Württembergischen Kanuverbands für die Trainerausbildung zuständig.

5370265R00071

Printed in Germany
by Amazon Distribution
GmbH, Leipzig